LA SENDA DEL KÁRATE-DO

ITOSU-KAI

DOJO-GIMNASIO-TORCAL

ANTEQUERA

AUTOR

LUIS MARTÍN RUIZ

PREPARADOR FÍSICO

INSTRUCTOR EN ESPAÑA DE LA

NIPPON KÁRATE-DO ITOSU KAI

A mi familia, a mis alumnos y a todos los que me han aportado enseñanzas positivas dentro de las Artes Marciales. Y en especial a todos aquellos que llevan años practicando sin importarle cintos ni grados siguiendo el verdadero camino del Kárate-Do.

Rafi

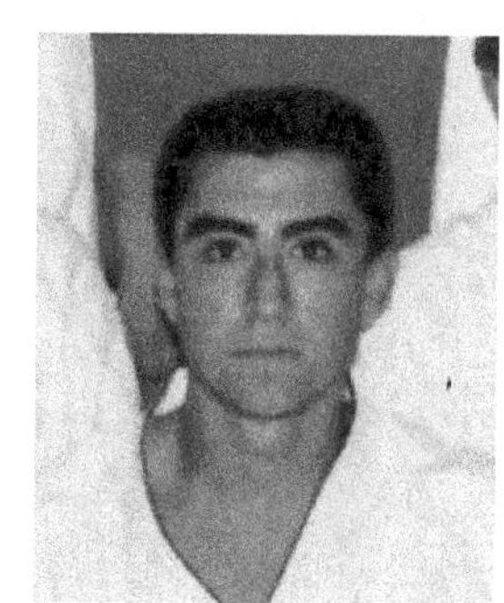

Luis

David

Este libro es un tratado sobre la filosofía del Kárate-Do según su autor, y el camino a seguir en el Bushido, al mismo tiempo que se expone lo que debe ser el verdadero Kárate-Do tradicional okinawense del estilo de Ankoh Itosu. Por otro lado se da a conocer la trayectoria del estilo Itosu-Kai desde sus comienzos en España.

EXPONGO

"El Arte Marcial llamado Kárate-Do no se puede aprender ni enseñar a través de los libros, hay que experimentarlo y practicarlo dentro de un Dojo, por lo tanto, sobre estas páginas solo he querido plasmar aquello que conlleva las bases y el trabajo del Kárate Tradicional de Okinawa del estilo y escuela Itosu-Kai, con toda la filosofía y base en la que se asientan sus principios".

"En la mayoría de los textos que tratan de Kárate, se explica y se hace hincapié en las técnicas que se practican, y se exponen infinidad de fotos con posiciones y técnicas que se trabajan en esta modalidad, por el contrario en este libro he querido dedicar la mayor parte de sus páginas a explicar y desarrollar lo más esencial y positivo del estilo Itosu-Kai y en definitiva del Kárate-Do, centrándome no solo en el aspecto guerrero como una disciplina de defensa personal, sino en la otra cara del Kárate como Arte Marcial tradicional, con sus valores éticos y humanos que son aprovechables en la vida cotidiana de todo el que lo practica".

"También intento hacer un análisis real sobre el Kárate Itosu-Kai en España y en nuestra provincia y narrar mi experiencia en la práctica de esta disciplina".

Luis Martín Ruiz.

ÍNDICE

PREÁMBULO

A través de mis años, muchas han sido las actividades deportivas que he practicado, ya que empecé a los 13 o 14 con la Gimnasia Deportiva en el Instituto de Formación Profesional Francisco Franco de la ciudad de Málaga, donde nací, después han sido múltiples las facetas deportivas que he ejercitado, como el voleibol, tenis de mesa, bádminton, fútbol federado, pelota vasca, y alguna que otra más, y siempre buscando un deporte que llenara mi vida paralelamente con mi trabajo habitual.

No encontré mi verdadera vocación deportiva hasta cumplidos los 32 años donde tropecé con una disciplina (porque no se puede llamar deporte) llamado Kárate-Do procedente de la isla de Okinawa y casi desconocida hasta el momento en nuestro país, y desde ese momento esa nueva actividad desconocida para mí me encadenó y hasta hoy día a mis 73 años no he dejado de practicarla casi ningún día. El Arte Marcial por excelencia llamado Kárate-Do arraigó en mí por ser una disciplina de combate, de defensa personal, el cual se hermana muy bien con mi carácter aventurero y arriesgado y al mismo tiempo contiene unos valores que en la mayoría de los deportes no se encuentran tan definidos.

El Kárate-Do como Arte Marcial posee unos alcances físicos y humanos difícilmente igualables, la marcialidad, el compañerismo, la humildad, la honradez, la amistad, el respeto a los demás y a los mayores, el esfuerzo y la disciplina, deben ser las características primordiales que acompañen a esta educación marcial.

Toda mi familia son karatecas y han seguido los pasos del Kárate Tradicional del estilo Itosu-Kai aprovechando las ventajas que aporta esta disciplina marcial y acompañándome y ayudándome en la enseñanza e instrucción en los diferentes Dojos, de distintos gimnasios y Patronatos Deportivos, tales como gimnasio Kuro-Obi de Málaga, gimnasio Bellavista de Málaga, gimnasio El Palo de Málaga, gimnasio Club Brieva de Málaga, gimnasio Miguel Padrón de Málaga, Patronato Deportivo Municipal de Antequera, Dojo Villanueva de la Concepción, Dojo Villanueva de Algaidas, Dojo Villanueva del Rosario, Colegio Cartaojal, Colegio Mollina, Centro Humilladero, Patronato Deportivo de Archidona, Los Colegiales de Antequera, Instituto José María Fernández de Antequera, gimnasio Florida de Antequera, Colegio Félix Rodríguez de la Fuente de Bobadilla, gimnasio Torcal de Antequera, y algún que otro más. Desde aquí les doy mi gratitud.

El Kárate-Do como Arte Marcial por excelencia, conlleva unos valores que muchas personas que lo practican aún no han alcanzado a comprender, unos piensan simplemente que van a practicar un deporte de combate, y se están equivocando, otros que quieren conseguir el cinturón negro rápidamente, y cuando lo han conseguido desaparecen casi de inmediato, también se están equivocando, otros tienen la obsesión de la competición y también se están confundiendo, otros quieren conseguir grados a toda costa, y también caen en el error, otros aún no saben lo que quieren y picotean aquí y allá, cayendo en el mismo equívoco, y por último unos pocos dedican parte o casi toda su vida a hacer y trabajar Kárate-Do tradicional, sin importarle nada de lo anterior expuesto, y para mí, que todavía estoy aprendiendo y soy un seguidor de los grandes Maestros, estos pocos son los que verdaderamente han alcanzado a comprender y valorar el verdadero Kárate-Do. Existe un dicho que dice: "Un sexto o séptimo Dan no es nada si no lleva las armas de los valores tradicionales de este Arte Marcial".

Ante lo explicado, no quiero decir que yo sea infalible y no cometa errores, pues soy humano, pero mi filosofía que pertenece al Kárate-Do tradicional de Okinawa y al estilo Itosu-Kai, está cimentada en el trabajo diario, e incidiendo firmemente en los valores humanos que aglutina el Kárate-Do. Intento seguir y trabajar la doctrina de los grandes y antiguos Maestros que al parecer está desapareciendo, pero que seguro aún quedan algunos "irreflexivos" como yo.

LUIS MARTÍN RUIZ

PASO A PASO EN LA HISTORIA DE ITOSU-KAI EN ESPAÑA

Nace en 1946 en la ciudad de OITA.

En el año 1976, llega a la ciudad de Málaga un súbdito japonés llamado Akihiro Mieno, tercer Dan de Kárate de un estilo okinawense llamado Itosu-kai, y del cual en España se tenía poco o ningún conocimiento de su existencia, ya que por aquel entonces el Kárate comenzaba sus andaduras en nuestro país y aquí predominaban los estilos Goju Ryu, Shito Ryu y en especial Shotokan.

En estos años aún no estaba establecida como tal la Real Federación Española de Kárate y solo empezaban a proliferar las Asociaciones y Delegaciones de los distintos estilos que se asentaban en España. En el año 1978 se fundó y quedó constituida la Real Federación Española de Kárate, y de esta manera se establecieron las diferentes federaciones regionales y delegaciones locales, las cuales se

Akihiro Mieno

encargaron indistintamente de organizar competiciones y eventos para la mayor difusión del Kárate en nuestro país.

Creo que antes de comenzar este relato, es mi deber aclarar la verdadera historia de mi Maestro Akihiro Mieno, ya que algunos escritos no le dan la suficiente magnitud en la influencia que el Sensei Mieno dejó en algunos de sus alumnos más destacados, y que estos al parecer lo recuerdan como una cosa lejana y pasajera. En estos escritos considero que existen errores de bulto, que por olvido o por el tiempo transcurrido después de tantos años han desvirtuado u obviado parte de esa historia del Sensei Akihiro Mieno y el Kárate Tradicional Itosu-Kai.

Akihiro Mieno se hizo un gran guerrero del Kárate-Do y del Bushido allá en Japón trabajando a las órdenes de su profesor Sensei Kitamura, al cual nadie hace referencia en ningún escrito olvidándose de las raíces de Mieno.

Sus primeros pasos en Málaga los comienza dando clases en el Kárate Club Málaga, cuyo director y profesor era Jesús Espiga un tercer Dan del estilo Goju Ryu proveniente de Alemania y que instaló su Dojo en calle Beatas y que fichó a Akihiro Mieno para que diera clases en horarios diferentes. Un buen fichaje ya que al ser el primer japonés que aparecía por estos andurriales era un atractivo para el Kárate Club Málaga, de esta manera en este mismo Dojo se impartían dos estilos, el de Jesús Espiga que seguía el estilo Goju Ryu y el de Akihiro Mieno que seguía Itosu-Kai.

Los primeros alumnos del Dojo Kuro Obi

Ahí también comenzó mi andadura y la de toda mi familia en el largo camino recorrido a través del Kárate Tradicional Itosu-Kai de Okinawa. Ante la gran avalancha de alumnos que aglutinaba Akihiro Mieno decide abrir su propio Dojo en calle San Juan Bosco, junto a la barriada de las Flores. Tengo que decir que por aquel entonces los gimnasios que impartían clases en toda la provincia de Málaga se podían contar con los dedos de la mano y la aparición de Akihiro suponía un atractivo para futuros alumnos. Al Dojo de calle San Juan Bosco le puso el nombre de Kuro Obi (Cinturón Negro), como la película.

En todo este tiempo, toda mi familia sigue entrenando a fondo con Akihiro Mieno y aprendiendo con él, llegando a convertirse en alguien tan cercano a nosotros que en muchas ocasiones se venía a comer a nuestra casa como uno más de la familia. Algo más tarde compagina las clases de su gimnasio y comienza a enseñar Kárate en el gimnasio Javier Brieva.

Entrenamiento en la playa

El autor, mi hijo Luis Martín Portillo, y el profesor Jesús Espiga, con un grupo de alumnos del gimnasio Kárate Club Málaga de calle Beatas (Málaga), en la entrega de diplomas de paso de grados.

Akihiro Mieno era un tercer Dan de Japón, y por lo tanto no tenía convalidado ese título en España, por lo cual tuvo que examinarse y pasar la prueba frente a un tribunal que personalmente considero que no tenía nivel para examinar a mi Maestro Akihiro. Estas anécdotas y situaciones nadie las ha comentado en los escritos que hay sobre Akihiro Mieno.

Cuando se estaba examinando delante del Tribunal de la Real Federación Española de Kárate, le pidieron que buscase a un Uke para hacer ju kumité, y ya habíamos acordado entre los dos que si le pedían combatir, yo saldría para hacer Kumite contra él, y así ocurrió. Tengo que señalar que mi Maestro Akihiro Mieno era un luchador nato y con una fortaleza y corpulencia enorme, rompía unas grandes piedras apoyadas sobre un yunque de hierro con el canto de la mano o "shuto", pues bien, nos enzarzamos en una pelea muy dura en la cual el tribunal tuvo que serenar y mediar, ¿y por qué esa dureza en el combate?, porque los dos éramos muy fuertes, él quería aprobar su examen y demostrar su valía en el combate, y yo no estaba dispuesto a que me machacara, por supuesto que mi Maestro era muy superior a mí combatiendo, y de esta manera Akihiro Mieno convalidó su tercer Dan. También tuvo que sacar el título de Entrenador Nacional que le exigía la Federación para poder impartir clases.

Grupo de karatecas de Kuro Obi pasándolo bien en otro entrenamiento en la playa. En la foto, Akihiro Mieno sujetando a mi hijo Luis.

En el 1979 traslada su Dojo Kuro Obi a calle Federico Chueca y desde entonces hasta hoy allí sigue el Dojo y lo podéis encontrar pero con el estilo Gembu Kai, nombre con que lo bautizó Fumio Demura.

En esa época comenzaron a proliferar las competiciones por toda España, y en Andalucía y Málaga no podía ser menos. Empujado y casi obligado por su entorno, al que aún no conocía bien, tuvimos que participar en algunas competiciones, cuestión que a él no le satisfacía ni era muy de su agrado, él decía que había que trabajar dentro del Dojo. Acudimos a competiciones organizadas por la Delegación Malagueña de Kárate en las cuales la mayoría de las veces conseguíamos medallas o nos descalificaban por la excesiva dureza que demostrábamos los alumnos del Sensei Akihiro Mieno del gimnasio Dojo Kuro Obi.

Entrenamiento en el Dojo Kuro Obi de calle San Juan Bosco, barriada Las Flores.

De hecho, yo conseguí medalla de plata en el Primer Trofeo Presidente, competición de alto nivel que ya no existe, y mi hijo Luis siendo juvenil consiguió también medalla de plata en los Campeonatos de Kárate de Andalucía de por aquel entonces, medallas que aún conservo.

El autor combatiendo en la playa.

Una vez que Akihiro Mieno, mi Maestro empezó a echar raíces en su Dojo Kuro Obi de calle Federico Chueca, no nos presentamos a más competiciones ya que como he dicho, mi Maestro descartaba todo lo relacionado con la mera competición, pero tengo que decir que todos los alumnos de Kuro Obi teníamos el mismo sentimiento, sin embargo dentro del Dojo, aquellos primeros guerreros, porque los considero guerreros del Bushido forjados por el Maestro Akihiro Mieno, hacíamos ju kumité

Fumio Demura

(combate) real con fiereza y al mismo tiempo con nobleza. Recuerdo a algunos compañeros y alumnos de aquellos años 1977/1982, Antonio Benítez, Lanzas, Miguel Angel, Pepe Amores, Rafa Blanco y Rafa Conejo que con este último a veces todavía entrenamos juntos, gente muy aguerrida pero noble, gente fuerte y temible haciendo combate, pero amigos y compañeros, yo creo que eso ya no existe.

En el año 1981 se examinan y aprueban a través de la Real Federación Española de Kárate los primeros cintos negros del Dojo, y creo recordar que yo fui uno de los primeros cintos negros que salió de Kuro Obi de la mano del Maestro Mieno. Algunos de estos cintos negros nos instruimos como monitores y desde aquí se abrió un gran abanico de centros y escuelas de Kárate del estilo Itosu-Kai en toda la provincia de Málaga impartidos y dirigidos por alumnos del Sensei Akihiro Mieno.

Recuerdo que cuando mi Maestro Akihiro se ausentaba yo le sustituía para impartir las clases de los pequeños y me quedaba a cargo del Dojo. Por aquel entonces en nuestro gimnasio Dojo Kuro Obi de calle Federico Chueca se respetaban todos los conceptos del Kárate-Do y también las costumbres que dictaban los Dojos japoneses por lo que también recuerdo que los primeros que llegábamos al gimnasio teníamos que barrer y fregar el Dojo para así tenerlo aseado ya que como es sabido las Artes Marciales se trabajan con los pies descalzos y el aseo es fundamental.

En esos años, no sé exactamente la fecha, Salvador Herráiz, un conocido Karateca de Guadalajara invita al afamado mundial-

Rafi, mi mujer, proyectando a Akihiro Mieno.

mente Sensei Fumio Demura para que dirija y realice un curso de Kárate.

Rafi Portillo, proyectando con una llave de Goshin

Hay que señalar que el Sensei Fumio Demura practicaba el estilo Shito Ryu Itosu-Kai, dependiendo y estando bajo la protección de la Asociación Internacional Nippon Kárate-Do Itosu-Kai con sede central en Yokohama y cuyo presidente de la

Asociación y su superior era el Sensei Ryusho Sakagami ya fallecido y cuyo hijo Sensei Sadaaki Sakagami cogió las riendas de la Asociación al fallecimiento de su padre; y como decía, Fumio Demura es invitado a Guadalajara e imparte el curso al cual asisten decenas de karatecas de todos los puntos de España, incentivados por la fama del Maestro Demura, alumnos de Full Contact, de Jiu Jutsu y de diferentes estilos y disciplinas nos dimos cita en ese curso.

Entrenamiento en el antiguo y añejo dojo Kuro Obi.

Debo señalar que el Maestro Demura es conocido por sus múltiples películas de Kárate, siendo el coreógrafo y diseñador de muchas de ellas y también actor secundario en otras tantas, tales como "Sol Naciente", junto a Sean Connery, y "Ninja" entre otras. Por lo tanto su reconocimiento como gran Maestro del Kárate es indiscutible.

Al curso de Fumio Demura en Guadalajara nos desplazamos mi Maestro y un grupo de sus alumnos, karatecas de Kuro Obi. Asistir a este curso no le apetecía mucho a mi Maestro Akihiro, pero acuciado por los alumnos más destacados del Dojo no tuvo más remedio que acudir y así él y nosotros conocimos al Sensei Fumio Demura.

En el año 1982 me traslado a Antequera para impartir clases de Kárate Itosu-Kai en el Patronato Deportivo Municipal, poco a poco voy difundiendo el Kárate por toda la Comarca de Antequera e instruyo en Archidona, Villanueva de Algaidas, Fuente de Piedra, Humilladero, Villanueva de la Concepción, Villanueva del Rosario, Bobadilla y Mollina, llegando a una media de 640 practicantes de Kárate por temporada entre Antequera y Comarca.

Durante todo este periodo el Kárate Itosu-Kai es impartido en el resto de toda nuestra provincia a través de colegios, institutos, gimnasios y varios patronatos municipales, tales como Mijas, Benalmádena, Churriana y otros.

En el año 1995 mi Maestro Akihiro me cita en una cafetería cerca del Dojo Kuro Obi y me comunica que abandona España y se marcha a Japón por asuntos personales y familiares, y me ofrece la posibilidad de que yo gestione el Dojo Kuro Obi de calle Federico Chueca. En ese momento me era imposible hacerme cargo del Dojo y Akihiro consulta con Francisco Camarena desgraciadamente ya fallecido, compañero, alumno y Karateca de gran nivel de Itosu-Kai, para que se haga cargo del gimnasio.

Fumio Demura

Entre los años setenta y ochenta no solo arribó a España el Maestro Akihiro Mieno, también llegaron pero, a otras capitales, Maestros japoneses como Atsuo Hiruma del estilo Shotokai, Yasunara Ishimi de Shito Ryu, Yosuke Yamashita de Goju-Ryu, Yasuharu Igarashi, de Wado Ryu y Osuma Nomura de Shotokan.

YASUNARI ISHIMI   YOSUKE YAMASHITA

Siguiendo con los recuerdos de mi paso por Kuro Obi y mi vínculo con el Sensei Akihiro Mieno, evoco sus primeros pasos en su propio Dojo. Al querer difundir lo más rápidamente su estilo, se prestaba a ayudar a cualquier asociación o a cualquier instituto para hacer una demostración de la nueva disciplina que se había implantado por las barriadas de Capuchinos, Molinillo, barrio de la Victoria, Ciudad Jardín y otros, aún tengo presente el día que nos comentó que se había comprometido con el Colegio los Salesianos, sito en la zona de Capuchinos, para realizar una exhibición.

Estuvimos entrenando unos días y la demostración de Kárate la hicimos en el gran patio del Colegio, pero antes de entrar veo que Akihiro saca de su todo-terreno y ayudado por algunos karatecas un gran yunque de hierro, de esos que había en los talleres de forjas, y una gran piedra parecida al mármol de unos 35 o 40 centímetros de largo, unos 20 centímetros de ancho y otros 20 centímetros de grosor y una vez dentro del colegio cuando ya había comenzado la exhibición, puso la piedra sobre el yunque y de un gran shuto (canto de la mano) golpeó a la piedra sin compasión partiéndola en dos, ¡¡increíble!!

Otro de estos días, según recuerdo, nos preparamos porque le habían solicitado una exhibición la asociación de vecinos de la barriada de Las Flores, la demostración tuvo lugar en una plaza de la barriada y no pudo ser a otra hora que la del mediodía y hacía tanto calor que el suelo quemaba y algunos salimos con la planta del pié llena de ampollas de quemaduras.

El autor en una exhibición de Kuro Obi.

Mi memoria me lleva a recordar aquellos entrenamientos en el Dojo Kuro Obi, entrenamientos que a veces rayaban en lo apocalíptico, de una dureza descomunal, pero que al parecer a la mayoría nos parecía de lo más normal. Un día alguien invitó a un profesor de educación física para que presenciara los entrenamientos y este profesor se echaba las manos a la cabeza al ver la dureza y que nadie se lesionaba, solo algunos hematomas y contusiones, pero estábamos acostumbrados.

A veces corría el rumor en el Dojo, que Akihiro haría combate ese día con sus alumnos, no veas el revuelo que se originaba, pues el Sensei tenía la costumbre de que todo aquel que hacía kumité (combate) con él, terminaba en el suelo y destrozado.

Con el tiempo esta costumbre se suavizó ya que de esta guisa de entrenar íbamos quedando un grupo de valientes, esto se lo comenté varias veces a Akihiro y le decía: "Aki tienes que suavizar las clases o te vas a quedar con un grupito muy reducido y con los niños". Al final el lo entendió y las clases se hicieron menos extenuantes.

Tengo que aclarar que a mi Sensei Akihiro todos le llamábamos "Aki", a veces él decía "yo soy Aki y aquí giro". Un buen amigo y karateca de aquellos tiempos y al que suelo ver de vez en cuando, me ha comentado cuando le recuerdo a Akihiro, que ha intentado rastrear su paradero en Japón pero que no ha podido localizar su dirección.

Después de tantos años sigo teniendo añoranza de aquellos días entrenando en ese Dojo, y no porque los años han transitado y me he hecho viejo, sino por aquellos entrenamientos y por aquel Kárate-Do puro, lleno de vivencias en el Kárate-Do y el Bushido con lo que ello conlleva, compañerismo, amistad y lealtad, y que como suelo decir, eso ya casi no existe, o queda muy poco, porque la amistad no es tener un listado en el Whatsapp o una agenda llena de nombres de conocidos, la verdadera amistad hay que llevarla hasta las últimas consecuencias.

Akihiro Mieno, mi Sensei, mi Maestro, estés donde estés, siempre quedarás en mi memoria, y parte de este libro o esta narración va dedicada a tu recuerdo.

A la izquierda Sensei Tsuruoka de Goju Ryu, a la derecha, mi maetro Sensei Akihiro Mieno en el dojo Kuro Obi de calle San Juan Bosco (Barriada Las Flores).

El aseo y la limpieza, son fundamentales en el Dojo

Compañeros en el camino

Francisco Camarena se hace cargo del Dojo Kuro Obi, una vez que mi Maestro Akihiro se marcha a Japón, y acto seguido se convoca una asamblea o reunión en la cual se dilucida qué Maestro podría ser el más idóneo para que el estilo Itosu-Kai en España siguiera su camino con un nuevo Sensei al frente. Después de varias ideas se toma la decisión de ponerse en contacto con el Sensei Fumio Demura y este aceptó la oferta de hacerse cargo y liderar el dojo Kuro Obi e Itosu-Kai en España.

A partir de este momento y ante la ausencia del Sensei Akihiro se produce una escisión dentro del seno de Itosu-Kai en Málaga y yo que por entonces ya impartía clases de Kárate del propio estilo en el Patronato Deportivo de Antequera me distancio del gimnasio Kuro Obi, así como otros antiguos alumnos siguen el mismo camino.

Fumio Demura se desplaza a Málaga anualmente para impartir seminarios a los karatecas de Kuro Obi. Dentro de dichos seminarios se convocan y efectúan exámenes de cintos negros, a veces de forma irregular porque Demura entrega los diplomas correspondientes en nombre de la Nippón Kárate-Do Itosu-Kai y sin el conocimiento del Dojo Central de Yokohama.

Mi hijo Luis ejecutando un yoko geri en el pantano.

Yo asistí a varios de estos cursos del Sensei Demura y también practiqué algo de kobudo (armas) con él, pero poco a poco también me fui distanciando de los cursos de este afamado Sensei, quizás porque no encontraba lo que había perdido con mi Maestro Akihiro.

Curso de Fumio Demura en Guadalajara. Rafi y yo.

Mientras tanto yo buscaba un vestigio más profundo del estilo Itosu-Kai que no fuese Fumio Demura, buscaba a Ryusho Sakagami o a su hijo Sadaaki Sakagami que yo sabía que residían en Okinawa y que eran los máximos responsables de la Nippon Kárate-Do Itosu-Kai en el mundo, pero como en aquellos años Internet no había entrado en España, me era muy complicado buscar a alguna persona o cosa si no se tenían datos ni direcciones, por lo tanto me tenía que conformar entrenando para mí en solitario y valiéndome de unos datos y libros de Maestros antecesores.

Más tarde, uno de los primeros alumnos que tuve en la ciudad de Antequera me trajo unas fotocopias del Sensei Sakagami en donde se le veía haciendo unos Katas, y este alumno me dijo que las fotocopias se las había dado un compañero de la mili que por lo visto también hacía el estilo Itosu-Kai, cuál fue mi alegría y sorpresa de tener en mis manos fotos y katas del máximo responsable de Itosu-Kai. A partir de ahí me puse a buscar con frenesí la dirección de Sadaaki Sakagami hasta que por fin pude localizarlo y contactar con él.

Le explique, a través de una carta escrita en inglés que me la hizo otro alumno mío que domina ese idioma, que Akihiro Mieno era mi Maestro y que se había marchado a Japón y por lo tanto mis alumnos y yo nos habíamos quedado huérfanos en el Kárate Itosu-Kai, y que por favor nos mandara algunos datos para seguir practicando el estilo puro.

Me escribió contestando que él había escuchado hablar de mi Maestro Akihiro y que le habían dicho que impartía clases en España del estilo Itosu-Kai, pero que no lo conocía personalmente, y también me decía en su carta que si yo quería seguir aprendiendo me fuese a Japón y entrenara con él en su Dojo Central.

Ni que decir tiene que eso para mí era imposible, mi economía no estaba para eso y además no podía abandonar a los alumnos de la Escuela Municipal de Antequera, el creía que aquí en España en aquel tiempo, años 1980, amarraban los perros con longaniza, y ahí quedó la cosa de momento.

Un nuevo acontecimiento hizo que me pusiese de nuevo en contacto con el Sensei Sakagami. Ocurrió que en varios de los cursos que organizaba el Sensei Fumio Demura examinaba para cinturón negro y yo mandé a un cinturón marrón alumno mío de Antequera para que asistiera a un curso de estos, y al mismo tiempo Fumio Demura lo examinara de Cinturón Negro Primer Dan por el estilo Itosu-Kai, pero cuál fue mi sorpresa cuando este alumno mío volvió del curso y me dijo que Demura no había querido examinarlo porque él solo examinaba en España a gente del gimnasio Kuro Obi de calle Federico Chueca de Málaga.

Esto me decepcionó mucho, ya que al parecer desde el Dojo de Kuro Obi no querían saber nada de aquellos compañeros que habíamos salido en el momento que Akihiro, mi Maestro y el de ellos había abandonado España, y desde ese momento desistí de aparecer por Kuro Obi ni de acudir a ningún curso de Demura.

Quiero añadir que el Sensei Fumio Demura otorgaba en alguna ocasión cintos primeros danes con el sello de Itosu-Kai sin que el Karateca que se iba a examinar hiciese acto de presencia. Claro que cada examen lo cobraba a precio muy cuantioso, y aquí te das cuenta que nadie da nada a cambio si no hay dinero de por medio, con lo cual entramos en la dinámica del Sensei fabuloso técnicamente y con un currículum insólito pero que te lo cobra todo.

Contrariado por estos hechos de Demura y sus alumnos de Kuro Obi, vuelvo a escribir a Sensei Sakagami a Japón informándole del proceder de Demura, y esta vez me escribió también contrariado por las actuaciones de Demura, y en la carta me decía que Fumio Demura no podía bajo ningún concepto otorgar cinturones

Sensei Fumio Demura.

negros sin el consentimiento del Dojo Central de Yokohama y menos aún usar el sello de Itosu-Kai para estamparlo en los diplomas, le volví a contestar que todo lo que yo le explicaba de las actuaciones del Sensei Demura eran hechos consumados y la Nippon Kárate-Do Itosu-Kai con sede en Yokohama y cuyo presidente es Sadaaki Sakagami expulsó a Fumio Demura de la Organización, expulsión que se difundió a través de todo tipo de medios de comunicación.

Esta exclusión al parecer afectó poco a Demura y sustituyó su escudo de Kárate-Do Itosu-Kai por otro llamado Gembu Kai.

Foto de cinturones negros de Kuro Obi de Málaga y Escuela Municipal de Antequera de aquella época.

Fumio Demura continúa viniendo a Málaga aunque cada vez más esporádicamente para impartir sus cursos de Kárate Genbukai y de Kobudo, como ya comenté Paco Camarena director de Kuro Obi después de que Akihiro Mieno se marchara, desgraciadamente falleció y otro alumno se hizo cargo del gimnasio Kuro Obi que sigue funcionando y adiestrando karatecas, pero en una línea y camino diferente a aquella que mi Maestro fundador del gimnasio nos marcó.

En aquellos tiempos comenzaron mis dudas de si tenía que seguir practicando sobre el estilo Itosu-Kai o cambiar a otro estilo que me fuese más asequible entrenar, que estuviese más difundido en España y que lo dirigiera un Sensei que residiera en nuestro país.

Se me presenta la ocasión de conocer al Maestro Yosuke Yamashita, conocido karateca japonés del estilo Goju Ryu el cual había fundado la Asociación Española de Kárate Goju Ryu, llegando a tener gran cantidad de afiliados por toda España. Yamashita séptimo Dan y afincado en nuestro país comienza a impartir cursos por varias provincias españolas. Se desplaza a Málaga y yo acudo a ese seminario para conocerlo

Yamashita

y sacar conclusiones sobre este Sensei y su estilo. El Curso se celebró en el pabellón cubierto de un colegio de Torremolinos cuyo nombre no recuerdo, y como cada vez que un Sensei japonés ofrecía un curso de esta envergadura las clases estaban a tope, con alumnos de todas las edades, grados y estilos venidos de distintas ciudades y pueblos de nuestra geografía.

Mi valoración no fue muy positiva porque consideraba que no había aprendido nada nuevo y además ocurrió una anécdota que decía poco a favor de Yamashita.

Ocurrió que este Sensei llegó, media hora tarde al curso y nosotros estábamos esperando y dialogando en el pabellón, cuando entró y se enfadó con nosotros diciendo que allí no se podía hablar que aquella sala era un Dojo. Creo que en castigo nos tuvo un cuarto de hora en zeizan y nos dejó las articulaciones echas un asco. Pero él no se castigó por llegar tarde. Conclusión. De este curso no saqué nada en claro.

Durante estos primeros años después de separame de Kuro Obi de Málaga y pasar por una etapa de desorientación y acumulando vivencias de diferentes estilos de Kárate, conozco al Sensei Choju Hentona a través de un antiguo alumno del gimnasio Kuro Obi que practica Kárate y Kobudo. Choju Hentona universalmente reconocido como Maestro del Kobudo de Okinawa, noveno Dan de Kárate del estilo Goju Ryu y noveno Dan de Kobudo del propio estilo, como digo tomo contacto con el conocido

Sensei Choju Hentona de una diferente rama de la del Maestro Yamashita y empiezo una etapa de entrenamientos y cursos de Kárate y Kobudo con Hentona.

Choju Hentona.

Juan Morales, alumno de Hentona.

Choju Hentona es todo contrario a Yamashita, el Sensei Hentona es muy afable, buen comunicador, un karateca con una técnica depurada e impecable, afincado en Madrid y con su propio Dojo, casado con una española, Esmeralda, campeona de España de Kárate por equipos, me lo presentan en un curso de Kobudo celebrado en Málaga y desde el primer momento comprendí que éste sí que era un gran Maestro.

UNO DE LOS CURSOS CON HENTONA, EN LA PARTE
SUPERIOR
DERECHA MANOLO URDIALES, ALUMNO DE AKIHIRO
MIENO

Desde un primer momento vislumbré en el Sensei Hentona al caballero samurai proveniente de Okinawa que seguía los principios del verdadero Kárate-Do, valiente audaz, guerrero, siempre queriendo hacer cosas nuevas, siempre dentro de las pautas que el Kárate Tradicional establece y dentro de la filosofía del Bushido, y cuando él hacía un amigo era para siempre.

Desde el primer momento conectamos y nos hicimos amigos, no solo él como profesor y yo como alumno, sino amigos de verdad, y mira que la distancia siempre nos separó, pero al día de hoy seguimos siendo grandes amigos.

Entreno con Hentona y un día me dice: "para las próximas fechas navideñas te desplazas a Madrid y en mi Dojo te examinas de primer Dan de Kobudo (armas)", yo quedé sorprendido porque llevaba practicando Kobudo poco tiempo y le dije que no me podía examinar porque yo tenía una gran carga solo con el Kárate, él lo comprendió y desistió de examinarme.

La primera vez que estuve en su Dojo, me quedé enormemente sorprendido al entrar en él, era una sala con un tatami de madera, de tablones bastante gruesos, los cuales estaban unidos entre sí y sujetos al suelo con unos clavos enormes de un tamaño de 10 cm aproximadamente y un grosor bastante respetable, el Dojo era vetusto, con "olor" a Kárate-Do, a verdadero Kárate-Do. Recuerdo que en una de las ventanas del Dojo había un martillo de hierro al cual yo no le presté ninguna atención, pero más tarde entrenando noté una punzada en la planta del pié y empezó a salir sangre, me había clavado uno de aquellos clavos, y el martillo que había en la ventana era para volver a clavar los clavos, según me contaron los alumnos del Sensei Hentona.

Sensei Hentona y yo. Éste hubiese sido un gran samurái de la Edad Media de Japón, seguidor del Bushido.

Yo creo que Sensei Hentona no me consideraba alumno, que me consideraba más que alumno un compañero. ¿Por qué lo digo?, pues porque me corregía muy poco, cosas de katas y alguna otra técnica de Kobudo pero poca cosa, hablábamos más como amigos que como profesor y alumno. Recuerdo que una vez lo dejé plantado cuando yo estaba haciendo un curso con él, y me marche del curso sin saludarlo ni despedirme, no sé por qué hice aquello, ni por qué tomé esa decisión de marcharme tan poco correcta, es posible que me encontrara en horas bajas, la cuestión es que durante mucho tiempo tuve esa espina clavada por culpa de mi imprudente y mala actitud.

De izquierda a derecha, Germán tercer Dan de Kobudo y alumno del Maestro Hentona, el Sensei Choju Hentona, el autor de este libro y Enrique Luque alumno mío. Foto en el Dojo de Hentona.

Años más tarde lo volví a ver varias veces en alguna que otra Gala de Artes Marciales, en la que anualmente él suele participar invitado por la Asociación Malagueña de Kobudo "Amako", de hecho, yo participé con mis alumnos de la Escuela Municipal en una de estas galas haciendo una gran exhibición y un buen trabajo por parte de todos mis alumnos. Tengo que decir con gran pesar, que estos trabajos y exhibiciones de la Escuela Municipal de Kárate fuera de Antequera y en otras localidades, en las cuales se difundía el nombre de la ciudad a nivel deportivo y en la que participábamos mis alumnos y yo, nunca fueron apreciados ni por el Patronato Deportivo Municipal ni por el Ayuntamiento.

Aquel incidente del día que me marché del curso del Sensei Hentona sin despedirme, lo tuve muy presente durante varios años y al cabo del tiempo quise repararlo mandándole a Madrid un regalo que fue una decoración de porcelana con la jarra de azucena grabada en plata, con ello mi conciencia se quedaba un poco más tranquila.

Un grupo de alumnos haciendo kobudo en el dojo del gimnasio Torcal con el tercer Dan de kobudo, Germán Flores.

Pasaron varios años y por casualidad me enteré de que el Maestro Hentona venía a Málaga, al Salón de Actos de la Diputación para hacer una exhibición en conmemoración de unas firmas entre España y Japón, me desplacé a Málaga para saludarlo y rememorar antiguos encuentros.

Cuando nos reencontramos y nos saludamos, le dió una alegría enorme, venía acompañado de Esmeralda, su esposa, y ésta me dió las gracias muy efusivamente por el regalo que le mandé con la jarra de azucenas. Hentona había envejecido al igual que yo y le enseñé una foto antigua en la que estábamos los dos mucho más jóvenes, se la mostró a su hijo y a su esposa y todos rompimos a reir ya que dicha foto él no la tenía porque se le había extraviado.

Hace unos meses y a través de Germán, el tercer Dan de Kobudo me fui a Madrid invitado por Hentona a entrenar algunos katas de Kobudo, a cambiar impresiones y recordar algunos momentos de otros tiempos. Seguramente volveré a encontrarme con el Sensei Hentona dentro de poco tiempo, cosa que deseo de todo corazón. ya que es un placer poder entrenar con un gran Maestro.

El autor, Luis Martín y Sensei Hentona.

Quiero hacer mención sobre otros Maestros y profesores que han marcado o pasado por mis diferentes etapas dentro del Kárate tales como Juan Morales, cuarto Dan de Kobudo y cinto negro del estilo Itosu-Kai y cinto negro del estilo Goju Ryu.

Manuel Urdiales, cinturón negro segundo Dan del estilo Itosu-Kai, antiguo alumno del Sensei Akihiro Mieno del gimnasio Dojo Kuro Obi de calle Federico Chueca de Málaga y gran amigo mío.

Juan Carlos Vicente, amigo de muchos años, cinturón negro sexto Dan del estilo Goju Ryu, director del gimnasio Record de Málaga y Juez del Tribunal de Grados de la Federación Andaluza de Kárate.

Sensei **Fujita**, sexto Dan de Kárate del estilo Itosu-Kai, gran karateca que entrenó en el gimnasio Dojo Kuro Obi, amigo de Akihiro Mieno y que yo entrené con él durante algunos días.

Sensei **Nakaashi**, octavo Dan del estilo Shito Ryu, un Maestro muy fuerte y con una carga histórica y técnica de muy alto nivel, sus cursos son extremadamente interesantes.

Antonio Lozano, Maestro de Jeet Kune Do, director de la Axarquía Training Group, gran amigo mío y que varias veces ha venido al Dojo del gimnasio Torcal para transmitirnos toda su sapiencia en la defensa personal y el Jeet Kune Do de Bruce Lee y de sus seguidores más significativos.

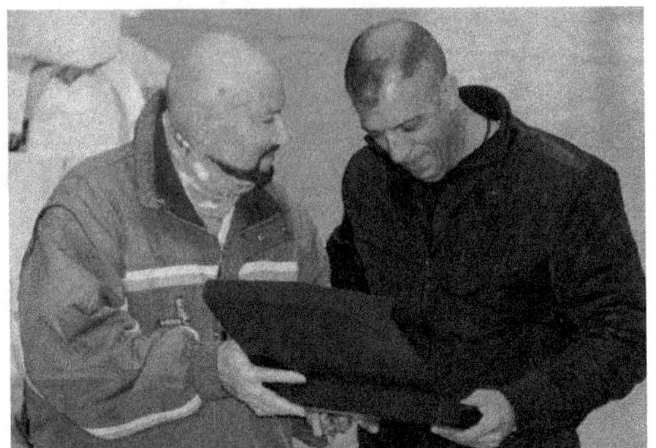

A la izquierda, el autor y el profesor de Jeet Kune Do, Antonio Lozano. A la derecha, José Rafael Conejo, representante en España de la Nippon KÁRATE-DO Itosu-Kai.

Rafael conejo, íntimo amigo mío, quinto Dan de Itosu-Kai y antiguo alumno de Akihiro Mieno, está ligado firmemente al Dojo del gimnasio Torcal, entrena periódicamente conmigo y con mis alumnos en nuestro Dojo. Representante de la Nippon Kárate-Do Itosu-Kai en España y con licencia federativa a través del Dojo Torcal.

José Manuel Egea, mejor competidor español de Kumite de todos los tiempos, lo considero un amigo desde el momento en que le invité para impartir un curso de alto nivel de Kumite. Nos enseñó gran cantidad de técnicas y combinaciones de combate.

Juan Francisco Rueda Padilla, sexto Dan de Kárate y Juez del Tribunal de Grados de la Federación Andaluza de Kárate y cuarto Dan y director del Departamento de Goshin.

EXÁMENES DE AKIHIRO MIENO

Los exámenes de mi Maestro eran muy singulares y duros, y pongo un ejemplo y explico a continuación como se desarrollaba un examen de:

CINTURÓN MARRÓN

PRIMER DÍA:

KIHON WAZA = 10 TSUKI, 10 KERI, 10 DACHI, 10 UKE, 10 UCHI.

KIHON KUMITE =   5 JODAN TSUKI

                          5 CHUDAN TSUKI

                          3 MAE GERI, 3 YOKO GERI

                          3 MAWASHI GERI

                          3 USHIRO MAWASHI GERI

KIHON NO KATA = KIHON Nº 1   - KIHON Nº 10

                          KIHON Nº 11

 - KIHON Nº 18

                          KIHON Nº 19 - KIHON Nº 20

KUMITE = 1º - 2º.

SEGUNDO DÍA

ENCADENAMIENTOS (renzoku waza). = 1º - 2º - 3º

PINAN NO KATA =   GODAN

                          YODAN (Yondan)

                          SANDAN

                          NIDAN

                          SHODAN

KUMITE = 1º - 2º - 3º

TERCER DÍA

KATA SUPERIOR =   YUTTE

JIIN

BASSAI DAI

SEIENCHIN

KUMITE = 1º - 2º - 3º

RESULTADO:

MI CAMINO POR LOS PUEBLOS DE LA COMARCA

Mi andadura por los pueblos de la Comarca de Antequera divulgando la disciplina Marcial del Kárate-Do ha sido dilatada y pedagógica y en la cual cientos de alumnos han practicado Kárate, y creo que muchos de ellos habrán recogido lo más esencial de este Arte Marcial, el Do, sus valores humanos más intrínsecos.

Villanueva de Algaidas: Empezamos a impartir Kárate en el Colegio Público Miguel Berrocal, y recuerdo que hablamos con el Concejal de turno y con el director de dicho colegio.

Se inscribieron más de 100 niños y unos pocos mayores y el primer día que empezamos fue una confusión total, ya que el número de madres, padres y niños rebasaron nuestras expectativas y todos querían apuntarse los primeros, tal fue el tumulto, que alguien rompió un macetón enorme que se encontraba en el patio del colegio y el director nos echó una pequeña bronca por no poder controlar aquel desorden, tengo que decir que pagué el macetón enorme que yo mismo compré y lo trasladé al patio del colegio, añadir que ese día me acompañaba Rafi mi mujer en prevención de lo que imaginábamos que podía ocurrir y así ocurrió.

En esa misma semana pusimos las cosas en orden y comenzaron las clases puntualmente y sin problemas. Mi mujer me estuvo ayudando durante el tiempo que estuvimos en Villanueva de Algaidas pero un accidente dando clases en este colegio la apartó durante un tiempo de esta actividad.

Durante tres años estuvimos impartiendo clases en Algaidas, y como es de suponer el número de alumnos fue decreciendo por causas manifiestas ya que al principio se inscriben por la novedad de esta actividad y solo van quedando los que verdaderamente sienten que el Kárate les satisface. Al final de estos tres años cesamos en la actividad y dejamos de desplazarnos a Villanueva de Algaidas.

Recuerdo que cuando llevábamos ocho o diez meses dando clases en Villanueva en una de las fiestas del pueblo nos pidieron hacer una exhibición, yo accedí a hacerla y preparé a los alumnos para ese evento, al final la hicimos en una barriada a la cual acudieron gran cantidad de ciudadanos. Hago memoria y creo recordar que mis alumnos de Algaidas hicieron una gran exhibición

Manolo Solís.

Mollina: En esta localidad estuvimos dando Kárate, y como es habitual, antes de comenzar a impartir clases nos reunimos con uno de los concejales el cual nos cedió una sala en la que entonces se le denominaba Casa de la Cultura. Nos pusimos manos a la obra y acondicionamos dicha sala poniendo una moqueta en el suelo y un gran espejo, porque ya es sabido que en todo Dojo debe haber un espejo, se inscribieron una cantidad respetable de niños, aquí solo dimos clases a los pequeños. No recuerdo el tiempo que estuvimos en Mollina, pero sí que más adelante las clases comenzó a impartirlas Manolo Solís, un alumno mío, de los primeros que tuve en Antequera que es cinturón negro y gran amigo. No sé por qué motivo tuve que dejar la enseñanza del Kárate en Mollina, pero la cuestión es que también Manolo Solís con el tiempo dejó de dar clases en ese pueblo.

Archidona: En este pueblo estuvimos dando Kárate varios años, no recuerdo cuantos, pero fueron muchos, digo estuvimos porque también mi hijo Luis se tuvo que hacer cargo de las clases ante la gran cantidad de alumnos que se inscribieron. En principio nos ubicaron en una sala de un colegio que estaba en la famosa Plaza Ochavada de Archidona, aquello no reunía condiciones para la práctica del Kárate, la acondicionamos poniéndole moqueta, como siempre, y su espejo, todo pagándolo como era habitual de nuestro bolsillo, ahí estuvimos poco tiempo, más tarde nos trasladaron a una terraza cubierta de un colegio del que no recuerdo el nombre, y estuvimos en espera de que nos ubicaran en un sitio definitivo y más idóneo.

Mi hijo Luis con un grupo de pequeños alumnos de Archidona.

Por aquel entonces se estaba construyendo el polideportivo de Archidona, y el Concejal de Deportes, conocido mío y ligado al deporte pues es Licenciado en Educación Física, cosa rara en estos menesteres, pues suele ocurrir con frecuencia que los concejales de deportes de los Ayuntamientos no saben una papa de deportes y aún menos de gestión. Como decía estaban construyendo un pabellón de deportes y el Concejal me prometió una de las salas para impartir Kárate.

A la terminación del polideportivo, tal y como nos habían prometido nos dejaron una sala bien equipada, amplia, de parquet y con su gran espejo, y en exclusiva para la Escuela de Kárate, por aquel tiempo yo tenía gran cantidad de alumnos pequeños y un grupo bastante numeroso de mayores de los cuales me tuve que hacer cargo en su totalidad ya que mi hijo Luis se tuvo que marchar a Málaga, y por lo tanto otra vez tuve que pedir ayuda a mi mujer para así entre los dos poder abarcar a tanto alumno.

Rafi, mi mujer, aprovechaba los desplazamientos a Archidona y también compaginaba el impartir las clases de Kárate con darles clases de gimnasia de mantenimiento a un grupo de mujeres en un edificio de actividades múltiples perteneciente a este Ayuntamiento. Al principio solo iban mi mujer y mi hijo, ella era la que conducía el coche, y una vez que Luis se marchó a Málaga a estudiar yo me tuve que incorporar a las clases de Archidona.

De esta localidad salieron tres cinturones negros, lo cual quiere decir que estuvimos muchos años dando clases de Kárate en Archidona pues ningún alumno mío se puede presentar a examinarse de cinturón negro si no lleva entrenando como mínimo tres años de práctica. Después de estos años dejamos de dar clases en esta localidad por cansancio y motivación que no viene al caso narrar.

En Archidona inauguramos el polideportivo haciendo una magnífica exhibición en la cual participaron alumnos míos de la Escuela Municipal de Antequera conjuntamente con mis alumnos de la Escuela de Archidona.

Humilladero: Aquí se empezó a dar clases en un salón que nos ofreció el propietario de un restaurante ya que el Ayuntamiento no estaba por la labor ni por el deporte, a este pueblo lo consideré en aquel momento un pueblo cerrado a todo lo que venía de fuera y fuese una novedad, estuvimos varios meses con un grupo de niños, al final de esos meses dejé de ir y siguió dando las clases un alumno mío que se llama Vidal, meses más tarde este alumno también dejó de dar las clases porque el propietario del restaurante necesitaba la sala para otros menesteres.

Rafi Portillo y el autor Luis Martín en Ippon Kumite.

Villanueva del rosario: Un chaval que procedía de Barcelona se instaló en Villanueva del Rosario y montó un pequeño gimnasio, y teniendo noticias de que en Archidona yo estaba dando clases de Kárate, se puso en contacto conmigo y me ofreció dar clases en su gimnasio, aquello no era muy adecuado porque era pequeño, no tenía espejo y había que retirar varios aparatos y muebles cada vez que se daban clases, por lo tanto no viéndole futuro a aquello, a los pocos meses me marché.

Tengo que decir que en aquellas fechas en esta Comarca de Antequera y alrededores ningún Ayuntamiento ostentaba Concejalía de Deportes ni Patronato Deportivo Municipal, como mucho, en algunos pueblos le llamaban Área de Deportes, en la mayoría de ellos ni eso.

Villanueva de la concepcion: En esta localidad me ofrecieron dar clases de Kárate, yo accedí y me dieron un local bastante bien equipado para aquellas épocas, tatami absorbente, espejo, local amplio, pero me encontré con un ambiente raro y reacio a inscribirse, y no lo entendía ya que en este pueblo había estado algún profesor de Málaga dando Kárate del estilo Shotokan.

Me fui informando y alguien me comentó que el profesor de Málaga había estafado y engañado a los alumnos y a otras personas haciendo unas raras rifas ilegales y unos chanchullos impropios de un profesor, y menos de Kárate-Do, este personaje al parecer no sabía nada o no había entendido ni digerido los principios básicos y lo que significa el Kárate-Do para un genuino karateca.

Poco a poco se fueron sumando alumnos a la Escuela de Kárate y se formó un grupo bastante importante. Durante más de dos años estuve impartiendo clases en el pueblo de Villanueva de la Concepción pero como he comentado varias veces y es un hecho confirmado, que todo lo que no sea un Dojo privado o cimentado por un profesor que poco a poco haya seguido sumando elementos propios que lo conviertan en un santuario del Kárate, tiende a extinguirse.

Rafi Portillo y David Martín, madre-hijo.

Como también he manifestado en varias ocasiones, los colegios, asociaciones de vecinos, otras asociaciones, patronatos deportivos y gimnasios inadaptados, nunca podrán alcanzar el nivel de aquellos Dojos arraigados a imagen y semejanza de un profesional del Kárate-Do y otras disciplinas marciales, y con el paso del tiempo aquellos acaban desapareciendo.

Cartaojal: Otro de los pueblos en los que impartí clases, esta vez en un colegio, pero estuve varios meses y me marché porque comenzaron a surgir problemas de horarios del propio colegio y no merecía la pena seguir, por tanto nada importante que comentar.

David en el Torcal esgrimiendo una katana real

Bobadilla Estación: Aconsejado y con la necesidad de ofrecer algún deporte o actividad en Bobadilla el alumno mío llamado Vidal me dijo si quería dar clases de Kárate en su pueblo, pues él era de Bobadilla y residía allí, le dije que sí que estaba dispuesto a dar clases.

Fuimos a hablar con el director del Colegio Rodríguez de la Fuente y este hombre se portó muy bien y nos dejó una sala del colegio. La medio acondicionamos y comenzamos a impartir clases y también tuvimos una sorpresa pues a pesar de que Bobadilla era un Anejo de Antequera y tenía y tiene poco más de mil habitantes, se inscribieron un buen número de alumnos, tanto de pequeños como de mayores.

Dos años y medio aproximadamente estuvimos dando clases, y salieron muy buenos karatecas de aquella escuela, pero así son las cosas y como siempre suele ocurrir, en los núcleos de pocos habitantes al final se termina la actividad, pues bien aquello decayó por falta de personal y la Escuela de Kárate de Bobadilla Estación desapareció.

Aquello de los pueblos se acabó, pues era demasiado agotador estar acudiendo unos días a los pueblos y otros al Patronato Deportivo Municipal de Antequera, o sea a la Escuela Municipal de Kárate.

En la actualidad seguimos trabajando en el Dojo del gimnasio Torcal mi hijo David, y yo asesorándole. Y otra vez hemos vuelto a dar clases a Villanueva de Algaidas, en este caso mi hijo David acompañado por Enrique Luque un alumno mío cinturón negro primer Dan que vive en Algaidas, el cual a mediado con los responsables del Patronato de Deportes de esta localidad y les han concedido una sala bastante espaciosa perteneciente al Ayuntamiento, y un tatami de suelo absorbente.

Mi hijo Luis con un grupo de sus alumnos.

De momento han conseguido un grupo de alumnos y esperamos que vaya en aumento con la ayuda de los responsables del Patronato de Deportes que son los más adecuados para fomentar y difundir este Arte Marcial que es el Kárate.

Por lo visto mi hijo David y mi alumno Enrique me han comentado que tienen proyectado hacer una exhibición en el pueblo en el momento que sus alumnos alcancen un mínimo de nivel técnico, yo les he comentado que para ese evento les echaré una mano acompañándoles con los alumnos del gimnasio Dojo Torcal, pues estos tienen un nivel extraordinario ya que llevan muchos años practicando Kárate-Do.

El Kárate es el Arte Marcial por excelencia, y hablar y escribir sobre él siempre ha sido fácil, y paradójicamente difícil para aquellos que pretendemos llegar más lejos de lo que la propia palabra Kárate significa, hay miles de escritos sobre las "manos vacías", sobre la defensa personal, sobre las técnicas, sobre las posiciones, sobre los katas, sobre su historia y sus Maestros, pero pocas veces se ha escrito en profundidad sobre la otra cara inmaterial de esta disciplina guerrera.

Es muy posible que en los periodos medios de aquel Japón feudal en los que proliferaban los samurais y los señores de la guerra, a éstos les importara muy poco algunos conceptos de los que más adelante se integrarían dentro de lo que conocemos como Kárate-Do, transmitidos por Itosu e Igaonna. De esta manera quiero diferenciar esas dos caras que en mi percepción deben estar bien delimitadas.

En aquellos tiempos medievales donde campaban a sus anchas los señores feudales, la mayoría dictadores y señores de la guerra, los cuales estaban más preocupados de quitarles las tierras a sus vecinos y procurar que no se las quitaran a ellos, que defender a sus súbditos y que estos estuviesen bien alimentados y con una vida digna.

Los samurais eran guardaespaldas y soldados de estos señores y no nos equivoquemos, a estos el Do les traía sin cuidado, estos siempre guerreaban para ver cuanta fama acumulaban, estos no eran ningún Robin Hood, puede ser que alguno como aquel Miyamoto Musashi, no le prestara ni sirviera su katana, ni su wakisashi ni su tanto a ningún señor feudal, pero tampoco buscaban el llamado Do, ellos guerreaban para defender su honor, a su señor o su fama. Más adelante Maestros de Okinawa unieron los valores más nobles del ser humano el Do, con lo que hasta entonces se le llamaba Kárate o una especie de lucha empleando piernas y brazos para la defensa.

Kárate, "manos vacías": es una disciplina de combate, guerrera, castrense, disciplinada, la cual se desarrolló para la defensa de la integridad física de uno mismo o de alguien que necesite nuestra ayuda o esté en desamparo ante cualquier peligro. Pero no solo se queda en la defensa sino también en el contraataque, infringiendo al oponente un quebranto o daño según con la intensidad o fuerza que se quiera aplicar la técnica de tu contraataque. En Kárate se emplea para defender o atacar todas las partes del cuerpo que sean asequibles para poder realizar una técnica con cierta garantía de éxito, ya sean pies, rodillas, puños, codos, cabeza, etc.

Alumnos del Dojo Torcal.

Así de esta manera el entrenamiento en la práctica del Kárate debe ser duro, disciplinado y continuo, tal como debe ser el entrenamiento de una disciplina dirigida hacia el combate, y como yo suelo decir "aquí no venimos a jugar al parchís" por lo tanto hay que fortalecer todas las partes del cuerpo y la mente para estar despierto y en kamae (guardia, espera). Se consuma con técnicas de luxaciones, proyecciones y caídas, el Kárate reúne todas las técnicas y medios para poner fuera de combate a un oponente, no obstante durante los entrenamientos los golpes se efectúan con toda potencia, pero con el control adecuado en el momento del impacto.

Do, "camino": este símbolo o palabra japonesa lo califico como la otra cara del Kárate, aunque siguen siendo las dos partes de la misma moneda. Mi opinión después de tantos años de experiencia a través de mi relación con cientos de personas, de alumnos karatecas y de muchos profesores, me lleva a determinar fehacientemente que el Do pocos lo llevan en su mochila, y solo se dedican simplemente a hacer Kárate "deporte", una sola cara, sin comprender que el Kárate no es un deporte, como he dicho son dos caras de una misma moneda.

El Do significa camino, es decir, el camino que debe seguirse para intentar alcanzar la perfección. Por lo tanto el Kárate-Do es el medio que tiene por final la unión del cuerpo físico y el alma en un plano de un alto nivel.

EL entrenamiento del Kárate-Do, una disciplina que eleva el espíritu de la persona, donde el hombre se potencia desde su interior con el conocimiento y la razón de uno mismo y la utilización proporcionada de su propia energía. En Kárate la energía interna o el espíritu marcial lo definimos como el Ki.

Hablar de Kárate-Do es hablar de una filosofía de vida, de una manera de afrontar los retos diarios, por tanto cuando se enseña a una persona en el Kárate, no solo se educa la técnica, al mismo tiempo le transmitimos esta doctrina, lo preparamos para la vida, basados en un respeto y una moral cívica, es un camino paralelo en el que tenemos que ir permutando las dos caras de la moneda y en multitud de ocasiones simultanear esas dos caras.

Enrique Luque, alumno y veterano del Dojo Torcal.

JUAN CARLOS VICENTE

Juan Carlos Vicente, dirigiendo un seminario de Kárate.

"Después de 35 años en la práctica de nuestro Arte Marcial, me hago la pregunta de ¿por qué sigo practicándolo?, y ¿si me sirve o me ha servido de algo? Mi respuesta es que lo hago porque me siento bien, me equilibra, me descarga tensiones físicas y emocionales. Me sirve porque me gusta enseñarlo y al mismo tiempo me satisface ver como mis alumnos progresan conmigo como karatecas y mucho más importante como personas. Me ha servido porque creo ser una persona segura de mi misma, sin depresiones (que hoy en día está muy de moda ser depresivo), sin nervios, con disciplina para mi vida y para mis entrenamientos. En definitiva estoy convencido de que la práctica del Kárate-Do tiene utilidad y beneficios para cualquier practicante a corto y largo plazo.

Dicho esto, paso a analizar que Kárate se está practicando actualmente y que valores se ven reflejados en nuestra actualidad.

Empiezo por el Kárate deportivo y por los campeonatos a los que asisto con bastante asiduidad, por lo tanto soy testigo de lo que se mueve a todo su alrededor: rivalidad, envidias, prepotencia, despotismo, falta de compañerismo, mala educación por parte de un número demasiado elevado de participantes directos o indirectos que forman un campeonato, inseguridades de árbitros y competidores, teatro que roza con el ridículo, intereses creados, público maldiciendo a los árbitros y participantes, coach dando ejemplo de falta de respeto hacia árbitros y competidores. Y como colofón a todo esto el resultado a esta vorágine los campeones de España y de Europa dando un ejemplo de cómo no hay que ser como persona, mirando por encima del hombro a compañeros y técnicos creyéndose mejores porque son más rápidos o porque hacen mejor los katas. Sin nobleza sin educación sin sencillez sin los valores que tiene que reflejar nuestro Arte Marcial, el Kárate-Do, esto es muy negativo y si lo que vemos es el reflejo de nuestra sociedad, de nuestra juventud algo habrá que hacer para buscar soluciones.

Nosotros los técnicos los entrenadores, los padres somos los culpables de todo esto, de lo que estamos enseñando y de cómo lo estamos enseñando. La verdadera competición es contra uno mismo, no siendo mejor que los demás sino mejor cada día como ser humano.

La verdadera competición es llegar a ser anciano y estar en forma, sin enfermedades graves que te hayan arrastrado durante toda tu vida. La verdadera competición en definitiva es saber transmitir los valores que transmiten nuestro Kárate-Do y el Arte Marcial que practicamos, y mantener enganchados a nuestros alumnos a esta dependencia.

Estamos perdiendo una buena oportunidad de diferenciarnos del resto de los deportes si lo vemos como tal, máxime porque no somos una disciplina mayoritaria sin apenas respaldos económicos y sin ningún patrocinador de relevancia. Y sí dependemos de resultados competitivos para que nos subvencionen de vez en cuando y el resultado son competidores, técnicos y directivos cada vez más equivocados de cuál es el Camino, mejor sería que se dedicasen a otra cosa o a otro deporte que probablemente obtendrían más beneficios.

Para concluir ofrezco una solución: Practiquemos Kárate-Do buscando sus orígenes, buscando sus principios, buscando sus valores y enseñemos eso, seguro que los resultados serán mucho mejores que lo que nos demuestra nuestra actualidad dentro de nuestro particular camino el Kárate-Do.

JUICIO SOBRE EL KÁRATE-DO DE JUAN CARLOS VICENTE
Sexto Dan de Kárate, árbitro y juez del Tribunal de Grados de Andalucía

KI: LA ENERGÍA VITAL

David Martín haciendo rompimiento.

"Una de las partes más debatidas y filosóficas dentro de las Artes Marciales y en especial del Kárate-Do, es el concepto del Ki, que aunque difícilmente comprendido entre muchos, entre los que me encuentro yo, hay cientos de escritos que tratan sobre él y a veces con unas argumentaciones de cierta base espiritual y otra humana, con lo que considero que se queda a mitad de camino entre la materialidad y el misticismo".

El autor: Luis Martín

El concepto oriental de Ki es muy difícil de definir. En Japón, la palabra ha sido de uso cotidiano a través de los siglos, desde que empezó la infiltración de la cultura china. El Ki expresa el concepto de las energías fundamentales del Universo, de las que forman parte la naturaleza y las funciones de la mente humana.

En la China antigua, el Ki era la fuerza que iniciaba todas las funciones físicas y psicológicas, y éste concepto ganó un lugar preponderante en la ciencia médica, en las Artes Marciales y en muchos otros aspectos de la vida. Utilizada inicialmente con propósitos militares se dice que la adivinación Ki empezó para determinar cuándo la fuerza de los soldados estaba en su nivel máximo. Para abordar, según ella, el movimiento militar apropiado. A continuación, su instrucción, su manera de trabajar y su estudio se desarrollaron hasta llegar a ser una forma práctica de predecir el destino mediante la habilidad del adivino para juzgar o leer el Ki de una persona.

Pequeños karatecas del Dojo Torcal.

La interrelación entre la mente y el cuerpo no puede definirse únicamente haciendo prevalecer las leyes naturales ni la experimentación científica. En Oriente hace tiempo que el cuerpo y la mente no existen como entidades separadas. Por ello, todos los aspectos de la cultura oriental (la filosofía, el arte, las Artes Marciales, la medicina, pintura etc.) se esfuerzan por alcanzar la vida universal a través de una enorme comprensión empírica de la unión fundamental de la mente y el cuerpo.

Mujeres de Itosu-Kai.

El Maestro Sensei Shigeru Egami (Shotokai) nos lo explica en un pasaje de su libro "Kárate-Do Nyumon":

"El problema de la mente es profundo. Su elevación a un estado superior, el espacio, ensanchamiento y la purificación de uno mismo, son las últimas esencias que hay que conseguir por medio de la práctica. Hay mucho que entrenar mente y cuerpo, pues de otra forma la práctica no tiene sentido. Tratar de limpiar vuestra mente de los despojos de la vida cotidiana por medio del contacto espiritual con los demás".

La mente y el cuerpo son como dos ruedas de un carro: ninguna de las dos tiene preferencia. Esto es práctica auténtica. Obtener algo de valor espiritual en la vida es verdadera práctica.

Al entrar en contacto físico con otros, se entrará también en contacto espiritual. En la vida diaria hay que llegar a conocer nuestras relaciones con los demás, cómo cada uno influye en los otros y cómo las ideas se intercambian. Hay que respetar a los demás y pensar bien sobre ellos. Las personas deben ser mentalmente abiertas y respetuosas hacia el bienestar y la felicidad de los demás. En un combate, cuando logréis trascender la simple práctica, lograréis ser uno con vuestro adversario."

El Ki unifica la misma base de la mente y del cuerpo, y al mismo tiempo tiene una relación recíproca con todas las cosas en la fuente de la creación. Todas las cosas vivas derivan del Ki que, se dice, llena el Universo, nutre toda la creación con su presencia omnipresente.

El Ki individual y el Ki de la Naturaleza están unidos y se influencian recíprocamente. Por ejemplo, cuando decimos que un día con una buena temperatura alegra el corazón es porque nuestro Ki funciona con empatía (consonancia) con el Ki de la Naturaleza, que, a su vez, está en empatía con todas y cada una de las personas del mundo. Cuando la mente y el cuerpo se perciben como una individualidad, es difícil aceptar el concepto de que la mente y la materia han nacido del mismo Ki.

Keichi Mizushima expresa así la empatía:

"La empatía no significa ponerse por encima de los demás; no significa implicarse tanto con el otro que haya que reír y llorar juntos. Tampoco significa estar totalmente de acuerdo con lo que se dice o se critica. La empatía es el estado puro que se vive antes de que se forme ningún juicio.

Entrenamiento tradicional en la playa.

Empatía es hacer el esfuerzo para sentir las emociones presentes en el otro sin juicio de valor, y entendiendo que pertenecen a otra persona y no a uno mismo".

El Ki no es una sustancia tangible, pero a través de las disciplinas orientales el ojo de la mente puede abrirse a él y puede sentirse claramente su presencia. El Maestro de Artes Marciales no tiene en sí el menor indicio de conciencia para distinguir entre esto y aquello, cuando se abre al propio espejo de su alma. Pero como el espejo de su alma es tan claro, ve de hecho todo sin verlo, distinguiendo con exactitud sin distinguir. Nos lo describe nuevamente de manera perfecta el Maestro Shigeru Egami en este pasaje:

"En la práctica, cuando tu adversario dé un golpe, debes ya estar en movimiento. Después de que le has visto moverse, ya es demasiado tarde y un falso movimiento por tu parte está fuera de lugar, pues el golpe de tu adversario es casi mortal. Moverse simultáneamente con el golpe; hay que sentir la intención del contrario. Pero, en realidad, no es cuestión de usar la mente, hay que moverse naturalmente, sin pensarlo; cuando alcances ese estado lograrás moverte simultáneamente con la orden. Si piensas demasiado sobre el comienzo del golpe del contrario, no te darás cuenta de sus movimientos. Solo cuando tu mente sea tan plácida como una balsa de agua y estés físicamente alerta, podrás darte cuenta de los movimientos del adversario y de su respiración natural. En este estado sentirás los cambios de sentimiento de tu adversario".

Soke Sakagami entrenando Kobudo.

Muchas culturas orientales se basan en este concepto. Sin embargo, para los occidentales, el Ki es un concepto relativamente nuevo, y puesto que existe una fuerte tendencia a intelectualizarlo todo en términos del análisis científico y cultural, el concepto de Ki, que es complejo de explicar incluso lingüística o cuantitativamente, no es fácil de entender.

Existe un Ki innato que está presente en el principio de la vida en el feto, mientras que el Ki adquirido se dice que se acumula externamente tras el nacimiento. Este Ki adquirido se materializa en tres clases:

- TEN NO KI: KI de la respiración y existe como aire.
- CHI KI: KI de la tierra y existe como agua y alimento.
- KI DE LOS MERIDIANOS: Base de toda la actividad vital.

Se cree que el Ki fluye primero a través del Meridiano del Riñón, y esta es la razón por la que, en las Artes Marciales orientales, el punto de energía más importante del cuerpo es el que se encuentra debajo del ombligo y que corresponde al meridiano mencionado; se cree que es el centro del Ki.

Cuando somos capaces de ubicar este "centro" y controlarlo, se siente cómo todo se ordena y se somete de repente a su alrededor de tal modo, que todas las tensiones quedan superadas y todo se convierte en aquello que emana del "centro", en armonía con una unidad oscilante, que exhala el ser mundo.

Alumnos del Dojo Torcal trabajando en una exhibición de Kobudo.

El Ki utiliza la mente y el cuerpo, integrando lo consciente y lo inconsciente. La influencia del Ki en las funciones de la mente y del cuerpo dependen de la imagen del mundo exterior que tiene cada persona. Una característica intrínseca al ser humano es la creencia de que vivimos por nuestra propia volición; sin embargo nuestras vidas están mantenidas fundamentalmente por una relación íntima con el Ki del mundo externo.

Esta imagen del mundo exterior crea cuatro grupos de personas:

a) Aquellas en que la influencia del Ki es nula porque están tan apegadas a la imagen del mundo exterior que esa característica intrínseca al ser humano de creer que vive por su propia volición no la abandonan nunca.

El autor y su hijo Luis.

b) Aquellas que se esfuerzan por conseguirlo, pero lo buscan donde no pueden encontrarlo. Sienten lo desacertado de su actitud, están convencidas de la rectitud de los otros y se esfuerzan por conseguirla.

Pero están tan apegados a su actitud que en el fondo no saben qué es propiamente lo justo y lo injusto, aunque aparentan saberlo. Por eso no pueden transformar en una actitud justa lo que reconocen como injusto, ni pueden tampoco evitar una actitud injusta, aun reconociendo la verdadera. De vez en cuando adoptan una postura espiritual adecuada y llegan al silencio y concentración positiva y verdadera. Entonces perciben con claridad por unos momentos la actitud adecuada. Pero esto pasa rápidamente y vuelven de nuevo los antagonismos entre lo bueno y lo malo, lo justo y lo injusto. A estas personas, el camino de "corazón a corazón", les está todavía cerrado.

c) Aquellas que se esfuerzan por conseguirlo, pero están desorientadas al inicio. Hay entre ellas personas que conocen con exactitud la verdadera actitud y se esfuerzan por librarse de la falsa. Pero les resulta difícil conservar una actitud justa. Existen otros que son conscientes de la actitud adecuada y la ponen en práctica sin más. Ambos tipos de personas nunca permanecen estáticas y siempre avanzan incansablemente, lo que hará que tarde o temprano lleguen a la comprensión y canalización del Ki. En todas ellas existe el "dar y recibir de corazón a corazón".

David Martín entrenando en el Pantano El Agujero (Málaga).

d)   Aquellas personas en las que cualquier pensamiento, actividad, actitud y todo el hacer y dejar hacer revela Ki. Estos son los Maestros.

El objetivo del entrenamiento oriental del cuerpo y de la mente es llegar a la experiencia personal de una conciencia indescriptible que se funde con el Universo, y a darse cuenta de que el ser existe como uno con la Naturaleza. Esto ocurre cuando la tensión entre el objeto, encerrado en sí mismo, y el yo, hasta el momento incapaz de dominarlo, se rompe.

Cuando llega este momento, surge de la armonía una ejecución perfecta, como fruto de la madurez interna, meta final del ejercicio. Ya no se necesita la razón, porque la voluntad se ha callado, el corazón reposa, y el yo ha muerto. La persona ha cauterizado su yo con sus sentimientos, convirtiéndolos en un medio transparente.

Emplea el ki en todas tus acciones o no conseguirás tu objetivo.

En las Artes Marciales, nuevamente el Maestro Shigeru Egami nos describe claramente el momento en el que se alcanza ese estado:

"Es mejor empezar practicando un Kata sencillo, como Taikioku, en grupo y con alguien que dé las órdenes. Se debe practicar sin parar diez, veinte, cincuenta veces. No podrá usar mucho la cabeza, pero tampoco debe esperarlo, Hay que practicar enérgicamente sin pensar en que el cuerpo esté rígido o no, practicar fuertemente. Eso es todo. ¿Qué ocurrirá? En el caso de gente joven que goce de gran fuerza y vigor y que practique Kata de esta forma, notarán cansancio después de veinte o treinta repeticiones, pues hay un límite.

Si continúan la práctica, quedarán todavía más exhaustos, hasta el punto de no poder tenerse en pie, respirando con dificultad, y su visión se nublará. En consecuencia, desearán perder el conocimiento. Pero no deben detenerse, con lo cual se convertirán en autómatas y no podrán concentrar ninguna fuerza en sus movimientos. En otras palabras no sabrán lo que hacen.

A estas alturas, notarán que sus movimientos se han vuelto suaves y naturales. La mente queda inútil, pero el cuerpo habrá obtenido los movimientos. Si la práctica continúa podrán llegar al punto en el que la mente queda muy clara y en el que se entienden los movimientos del cuerpo. O pueden olvidar todo y caer al suelo. Pueden perderse a sí mismos repetidamente, hasta descubrir estos que se sienten fuertemente vigorizados. Será entonces cuando comprenderán que se han caído o desmayado de agotamiento.

Pero aun así, si se oye la voz de mando, reaccionarán de alguna manera, aunque no necesariamente física. Al mismo tiempo, llegarán a comprender la relación entre ellos mismos y la persona que da las órdenes, la relación entre los practicantes y la relación entre cuerpo y mente. Los movimientos del cuerpo y la fluidez de la sensibilidad serán al principio algo confusos, luego se aplacarán y finalmente entrarán en un estado de tranquilidad y concentración y su respiración será regular a pesar del gran esfuerzo de los movimientos."

Pequeños karatecas de Itosu-Kai.

Cuando recibimos el Ki universal con sentimientos positivos, como la compasión, se genera una circulación de energía positiva y saludable. Por otra parte, cuando recibimos la energía universal con sentimientos negativos, no damos aprecio y compasión a los demás y utilizamos la energía para querernos a nosotros mismos, el Ki se estanca, nacen los miedos y las ansiedades, y la mente y el cuerpo permanecen en un estado de tensión. El camino hacia la salud y el bienestar mental, físico y social se abre donde existe una dirección positiva y constructiva del Ki universal hacia todas las personas y cosas. La esencia de nuestra vida es la búsqueda de la armonía con la Naturaleza y el significado de la misma es el descubrimiento de la armonía con todo el mundo y en todas las cosas. El Maestro Shigeru Egami analiza este punto aplicándolo a las Artes Marciales:

"Compasión y consideración para con los demás son palabras comunes, usadas frecuentemente, aunque ponerlas en práctica es sumamente difícil. Antes de llevar a cabo ninguna acción es de gran importancia no solamente tener en cuenta la posición de la otra persona, sino comprenderla plenamente. En efecto, llegando a un perfecto entendimiento de la otra persona, podrás alcanzar la unidad con ella, y palabras como victoria y derrota dejarán de tener sentido.

Este es el verdadero secreto de las Artes Marciales, coexistir con tu oponente. Y cuando esto esté consumado, el entendimiento de la esencia humana nos hará cooperar con los demás y alcanzar nuestro propio entendimiento. La práctica no será completa mientras no se alcance este estado mental. Empezando con la práctica del cuerpo y continuando con el entrenamiento del espíritu se aprecia que cuerpo y mente no son dos cosas, sino una. Esta es la verdadera práctica".

Las Artes Marciales han adoptado el concepto básico de Ki y pretenden lograr la fuerza infinita a través de su integración. Una de las técnicas básicas de las Artes Marciales chinas es bloquear el KiI del adversario impidiendo que éste fluya a través de los meridianos lo que ha dado lugar a técnicas muy interesantes como la denominada "Toate" (golpear o apuntar desde lejos), para arrojar al adversario al suelo utilizando la fuerza que proporciona el Ki sin que exista ningún contacto real o físico. El dominio de esta técnica es muy complicado, pero han existido Maestros que la dominaron a la perfección, entre los cuales se encontraba el Maestro Morihei Ueshiba, fundador del Aikido y el Maestro Shigeru Egami (Shotokai).

Zenkutsu-Oi Zuki.

Crónica de Antonio García Martínez.

KIMÉ

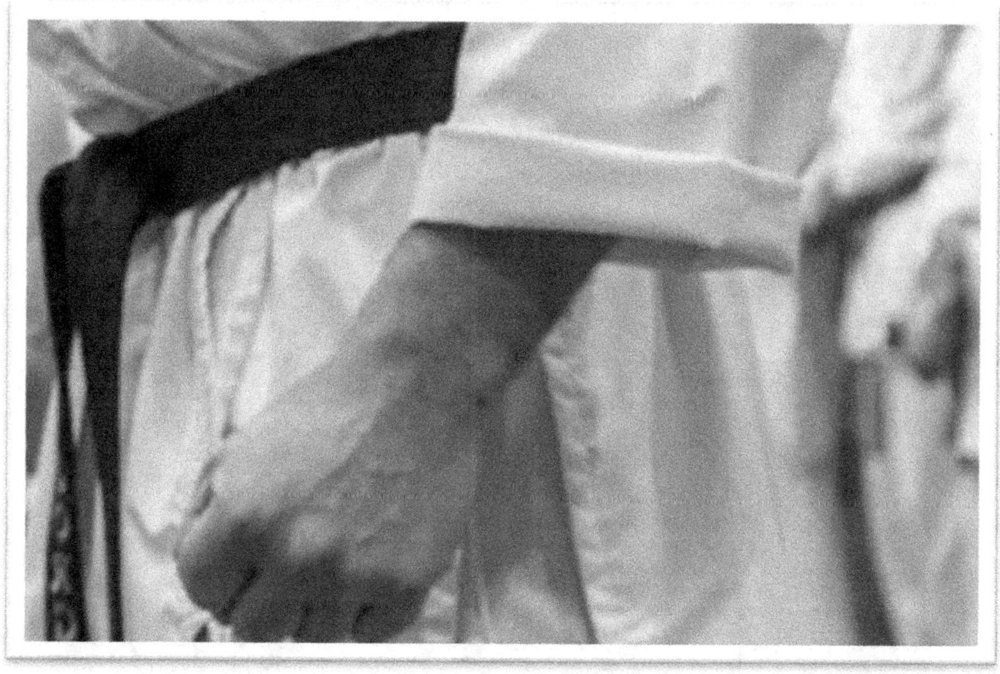

"*La esencia de las técnicas del Kárate es el Kime. Kime significa un ataque explosivo contra un blanco, usando la técnica apropiada y la máxima potencia en el tiempo más corto posible*"

Masatoshi Nakayama

Aunque la mayoría de los escritos relatando el significado de la palabra Kime parecen coincidir en casi toda su argumentación, no todos coinciden exactamente en la fase motriz, por tanto quiero dar mi versión particular.

"Kime, máxima fuerza física y mental (Ki), desarrollada conjuntamente al ejecutar un ataque o una defensa contra un adversario. El comienzo de la acción debe ser relajado y progresivo, y al final de la acción, o sea en el momento del impacto reunir estos dos significados Kime-Ki.

El Kime es el estallido de la energía interna y es la expresión lograda de la unión del cuerpo y del alma, es el resultado de todos los principios físicos y mentales, si no somos capaces de interpretar esta simbiosis jamás podrás decir que haces Kárate, o sea que sin Kime no habrá Kárate".

El autor haciendo rompimiento de tablas.

¿El Kárate como Deporte Olímpico?

¿Por qué tanto interés en llevar el Kárate a los Juegos Olímpicos?

En esta era moderna donde todo es marketing y las empresas multinacionales y la mayoría de todo lo que nos rodea está dispuesto a hacer dinero a costa de lo que sea, quieren también hacer del Kárate un deporte olímpico. ¿Quiénes son estos? Estos son aquellos que les importa un bledo el Kárate Tradicional, estos son aquellos que quieren hacer dinero a costa de lo que sea, estos son aquellos que tratan al Kárate como un deporte, y aún no han descubierto que el Kárate es otra cosa, estos son aquellos que quieren arruinar un Arte Marcial ancestral convirtiéndolo en un espectáculo circense.

Es posible, aunque no quiero creerlo, que al final consigan llevar al Kárate a los Juegos Olímpicos, pero que tengan presente que solo podrán llevar el Kárate a secas, porque el Kárate-Do con mayúsculas nunca podrán llevarlo al olimpismo.

El trabajo duro de la mujer karateca.

Está claro que los antiguos Maestros y unos pocos "originales y raros" karatecas estamos en desacuerdo con esto, y al mismo tiempo todos los que quieren que el Kárate sea olímpico le están faltando al respeto a aquellos Maestros que iniciaron una disciplina que ellos la diseñaron para trabajarla en los dojos y que solo estaba creada para un trabajo físico de defensa y ataque y un cometido espiritual.

Con 50 millones de practicantes en el mundo, el Kárate es el primer Arte Marcial más practicado. A pesar de esto no es una disciplina Olímpica y aunque se realizan numerosas competiciones a todos los niveles, locales, regionales, nacionales, e internacionales, los Maestros, tanto en Japón como en Okinawa, temen que una vez que el Kárate sea deporte olímpico y debido a la especialización competitiva, se pierda aún más su faceta como método de autodefensa, tal como ocurre actualmente con el judo y el taekwondo, dejando de lado técnicas de golpeo, desarme, luxaciones y proyecciones, además de los métodos de golpeo a puntos vitales y vulnerables.

Aparte de todo esto, opino que la competición restringe parte de los valores humanos aumenta el ego y la envidia y también hemos visto en demasiadas ocasiones reyertas violentas con espectáculos demasiados bochornosos.

ITOSU-KAI, UNA HISTORIA DE LEYENDA

Yasutsune Ankoh Itosu.

Nació en 1830 y falleció en 1915, Yasutsune Ankoh Itosu aprendió y estudió Kárate con dos iniciadores de lo que hoy llamamos Kárate-Do, Sokon Bushi Matsumura y Kosaku Matsumura de quienes tenemos muy escasa información.

El Maestro Itosu es fundador del Itosu Ryu y creó la línea de los Katas Pinan, que más tarde se dieron a conocer en Japón como Heian, también creó los Katas Nainfanchi, llamados Tekki en otros estilos, y fragmentó los Katas Kusanku y Bassai, haciendo dos versiones de estas últimas Sho y Dai. Hay otros katas que también se le adjudican como autor.

Maestro Kanryo Higaonna, nace en la ciudad de Naha en Okinawa el 10 de marzo de 1851 y fallece el 23 de diciembre de 1915, su reputación poco a poco se fue extendiendo, los marineros y comerciantes chinos y japoneses contaban y transmitían hazañas de Higaonna y muchos querían el aprendizaje de este gran Maestro. Uno de sus muchos discípulos más aventajados fue Kenwa Mabuni el cual combinaría los dos estilos, el de Ankoh Itosu y el de Kanryo Higaonna.

Sensei Kenwa Mabuni, nació en la ciudad de Shuri, en el año 1889 y falleció el 23 de Mayo 1952. En 1909 y animado por su Maestro Itosu se decide a expandir los conocimientos adquiridos. Al conocer la muerte del Maestro Itosu, Mabuni quedó muy afectado. El Maestro Mabuni fue el fundador del gran estilo al que denominó Shito Ryu, empleando la lectura "Ito" cogida de su Maestro Itosu (también se puede escribir como "Shi"), e Higa del nombre de Maestro Sensei Higaonna, el cual se puede interpretar también como "To", de esta manera formó el nombre de su estilo, Kárate-Do Shito Ryu.

Maestro Ryusho Sakagami, un caballero de las Artes Marciales y del Kárate-Do, nació en la ciudad de Kawanishi (Japón), se inició en el Kendo a la edad de 8 años y a los 14 comenzó a interesarse por el Kárate-Do. Más adelante Ryusho Sakagami estudia con Kenwa Mabuni Kárate-Do y Kobudo y se convierte en su discípulo, en 1940 Sakagami abre su propio Dojo. Sakagami fue un eminente escritor e historiador sobre temas de

Budo, escribió numerosos libros, falleció a los 78 años. Fundó la Nippon Kárate-Do Itosu Ryu Escuela de Kárate-Do Japonés Itosu, de esta manera confirma la herencia del gran Maestro Ankoh Itosu.

Maestro Sadaaki Sakagami, nace en 1942 en Osaka, hijo del Maestro Ryhuso Sakagami, y ha recibido la herencia y responsabilidad de dirigir el estilo Itosu-Kai. Actualmente es el Presidente de La Nippon KárateDo Itosu- Kai, y representa la cuarta generación de los Maestros que descienden de Ankoh Itosu, es un gran experto como su padre en Kárate-Do, Kendo y Kobudo. Sadaaki Sakagami tiene el título de cuarto Soke Itosu Ryu, ostenta el grado de noveno Dan de Kárate-Do y grados muy elevados en Kobudo, Kendo e Iaido.

Maestro Sensei Akihiro Mieno. Mi Maestro. Reflexiono y considero que después de haber conocido a gran cantidad de profesores y Senseis de diferentes disciplinas, no me queda la menor duda de que aquel que más huella ha dejado a lo largo de mi vida ha sido el Sensei Akihiro Mieno a quien tengo que agradecer todo lo mucho o poco que he conseguido dentro de las Artes Marciales y también los dogmas que deben regir nuestra vida cotidiana que al fin y al cabo son los fundamentos del verdadero Kárate-Do.

La Leyenda de Yasutsune Ankoh Itosu

(Este relato sobre la historia o leyenda de Ankoh Itosu, se acompaña de fotos y dibujos de diferentes épocas de la vida guerrera de Okinawa).

Nacido en Shuri no Tobaru en el año 1830, Itosu Yasutsune alcanzó, a los 85 años de edad, el sueño de todos los karatecas - él fue Meijin. Ser Meijin significa que alguien ha llevado su arte hasta límites fuera de las fronteras del poder físico normal. Solo se puede llegar a ser Meijin después de muchos años de dolorosa disciplina e infinita paciencia.

Comenzó su largo viaje hasta ese estado de última perfección desde muy temprana edad. Cuando tenía siete años, su padre, un reconocido samurái, comenzó su entrenamiento con sistemas pedagógicos que actualmente nos pondría los pelos de punta,

pero que en aquellos tiempos eran considerados "de buena educación". Parece ser, que su padre le ataba con un cinturón (obi) a una estaca clavada al suelo dejándole dos

palmos de cuerda libre para que pudiera moverse alrededor de esta. Después, comenzaba a "fajarle" y golpearle. El niño intentaba parar y coger el palo con sus manos como podía, y al no tener éxito, daba vueltas hasta quedar amarrado al palo. El padre no paraba los empellones, sino que continuaba con sus ataques hasta que el niño impotente, comenzaba a llorar. Esto no activaba la compasión del padre, sino todo lo contrario, continuaba en las ofensas. Solo cuando el niño, en su desesperación, comenzaba a enfrentarse a su padre, este paraba los asaltos.

El padre de Itosu continuó con este proceso todos los días hasta que estuvo satisfecho de los resultados, los cuales no eran otros que desarrollar lo que el denominaba "el espíritu del luchador". En aquella época, eran admitidos estos entrenamientos salvajes y el propio padre lo describió así:

"Esta es una forma rigurosa y dura, sin duda, pero el ambiente en el que el niño se desarrollará es un entorno duro y riguroso. El niño deberá entrenarse así hasta llegar a ser un hombre orgulloso, un luchador digno hijo de un padre samurái".

En el año 1846, cuando era Sho Iku el Rey de Okinawa, el joven Itosu acompañó a su padre a visitar al Maestro Matsumura, que entonces tenía 54 años. Después de los saludos formales, el padre de Itosu solicitó a Matsumura que acogiera a su hijo como deshi (alumno).

Matsumura miró al joven adolescente, frunció el ceño, y dijo: "pareces delgado a primera vista, yo diría que las Artes Marciales no son para ti. Pero hay algo en tu mirada que me gusta. Recuerda siempre esto: la actitud es importante, el camino es difícil y se requiere una enorme cantidad de esfuerzo para practicar Artes Marciales". Después, Itosu asintió con la cabeza y permaneció un buen rato mirando fijamente al Maestro.

Las clases empezaron al día siguiente. Desde el principio, Itosu no perdió ningún día de entrenamiento. No había descanso. Matsumura regañó, atormentó, dirigió, fue brusco, castigó y demandó total e incondicional sumisión y obediencia y pronto el niño de 16 años se transformó en un hombre de 24. Su cuerpo se desarrolló completamente llegando a ser el hombre más alto de Shuri. Poseía un mentón redondo como un barril de cerveza. Si no fuera por su enorme bigote, tendría el aspecto de un "buen niño". El carácter reivindicativo y orgulloso del pueblo okinawense tendría en el su mejor adalid contra el imperialismo japonés.

Sho Tai era entonces el Rey de Okinawa. Sho Iku, el que fuera reinara cuando Itosu conoció a Matsumura, estuvo desde entonces bajo la custodia de Japón. Los japoneses adoptaron la estratagema política consistente en retener a estos reyes y a numerosos miembros de la nobleza okinawense en Tokio, más bien en calidad de secuestrados que de visita. Con esta estrategia se pretendía mantener controlados a los isleños. Estas prácticas políticas eran comunes durante el Shogunato (gobierno) de Tokugawa y, continuaron en el Japón moderno hasta la derrota de la Segunda Guerra Mundial.

Este era el ambiente político en el que vivió Itosu. Es muy importante conocer estos aspectos sociopolíticos para entender las diferencias culturales y sociales que enfrentaban al pueblo isleño del archipiélago de las islas RyuKyu, con capital en Okinawa, contra los invasores imperialistas japoneses que provenían, bien armados y militarizados, del interior. Como no podían expresarse libremente en lo político, los aspectos "deportivos" eran por entonces la única posibilidad para exteriorizar las emociones que sentían los campesinos okinawenses. Efectivamente, casi todas las acciones de lucha en las que se vio envuelto Itosu se movieron por una necesidad de expresión patriótica. El carácter orgulloso de los okinawenses se manifestaba por un fuerte apego a la tierra y a las tradiciones ancestrales. Este carácter es todavía reconocible en la actualidad.

Pasando el tiempo, un día Itosu decidió hacer un viaje a Naha-Shi con la intención de ver las luchas de toros que por entonces se celebraban en Okinawa. Cuando estaba entrando en la ciudad de Naha, vio a una gran multitud moviéndose desorganizadamente y pudo ver a un toro corriendo libremente hacia él.

"Corre, corre por tu vida. El toro esta fuera de control y ha roto todas las barreras. ¡Te matará!" Oyó gritar a la gente.

A pesar de todo, Itosu continuó andando despacio cuesta abajo, recto hacia la dirección que traía el toro enloquecido. Mucha gente recordó, después del incidente, cómo la expresión de aquel hombre se volvió tranquila y abierta mientras se dirigía hacia una muerte segura.

El toro cargó contra él con la cabeza baja. Itosu dio un paso lateral, al mismo tiempo que se abrazaba al cuello del toro por detrás de los cuernos. Los que no habían corrido despavoridos se quedaron mudos. Vieron a aquel hombre que, agarrando ambos cuernos como un volante, forzaba el cuello del toro con tanta precisión que este acabo cayendo al suelo de lado. Al desaparecer la polvareda, la gente pudo ver cómo el hombre agarraba de tal manera al toro que este no podía utilizar sus patas que coceaban al aire. El animal mugía, bramaba y resoplaba cansándose más y más, mientras aquel loco no mostraba signo alguno de cansancio. Por fin, un grupo de jóvenes consiguió atar las patas del animal y este fue retirado mansamente.

La importancia de las fiestas del toro quedaron ensombrecidas por aquel acontecimiento y la gente no hablaba más que de esta aventura tan brava. Se empezó a especular entonces acerca de las posibilidades que este luchador tendría, en un enfrentamiento, contra el mejor luchador de Naha.

En aquellos tiempos de final de siglo, a medida que el Kárate ganaba en popularidad en los programas de educación física pública, una gran rivalidad se fue gestando entre las ciudades de Shuri y Naha. Dos formas prevalecían sobre todas las demás: Shorin-Ryu y Goyu-Ryu.

En la ciudad de Naha se realizaban retos "permitidos" por la policía. Había una gran roca delante de un barrio llamado Yamagataya. Esta roca se llamaba Ude-kake-shi y, marcaba el área de duelos, un sitio donde se realizaban peleas y apuestas para demostrar la supremacía en las artes marciales. El barrio de Yamagataya era la zona "roja"de la ciudad donde la policía miraba para otro sitio cuando se celebraban los combates. Estas peleas se pueden considerar como el principio del actual Jiyu-Kumite (combates modernos). Muchas reputaciones fueron ensalzadas y perdidas en aquellas confrontaciones. Para ganar fama, todo lo que tenía que hacer un candidato era poner la mano encima de la roca, lo cual significaba el deseo de confrontarse contra cualquiera que se presentara. Pronto aparecían los fuertes del pueblo y, sin más dilación, se iniciaban los golpes...sin reglas.

En aquella época, el campeón era Naha-no-Tomoyose, un invencible campesino, enorme en tamaño e ídolo de la ciudad de Naha. En el año 1856, una humedad insoportable para la salud de Itosu, hizo que este se mudara a Naha, que disfrutaba de un clima más seco. Aquí empezó su destino.

Un día, al poco de llegar a Naha, fue a sentarse y dormitar cerca del mar. Se apoyó contra la gran roca Ude-kaki-shi, donde oyó comentarios que no le gustaron.

"Shuri no puede producir un hombre que pueda vencer a nuestro campeón

Tomoyose. Su Kárate es solo para lucirse y nada más", dijo otra voz. "En Naha nosotros producimos artistas marciales para el combate real , no para la peluquería".

"Tienes razón," aseveró otro. "¡Si no fuera por bushi Matsumura, el Kárate de Shuri no tendría nada!

Itosu decidió hacer algo acerca de esa conversación, que estaba hiriendo su orgullo. Se levantó y se dirigió directamente al grupo parlanchín y dijo: "Creo que ustedes, señores, están equivocados acerca del Kárate de Shuri y de su campeón Tomoyose. Si me dicen simplemente cómo puedo hacer para enfrentarme a él, estaría contento por demostrarles de qué manera el Kárate "de peluquería" se comporta en el combate real". Con gran alegría, los paisanos se apresuraron a complacer al iluso.

Al día siguiente, Itosu fue a Naha y se dirigió a la famosa roca. La gente estaba empezando a marcharse después de que Tomoyose había despachado a todos los contendientes que se presentaron ese día. Con la intención de que no se marchara nadie, saltó rápidamente encima de la roca y, con palmadas, desafió al campeón. Esto fue suficiente para que la multitud regresara y, en un instante, tuvo delante de él a un fornido y enorme hombre.

Este lanzó un golpe alto, pero antes de que el puño recorriera la mitad de su camino, Itosu ya había conectado tres golpes secos a su cabeza. El hombre dobló sus rodillas y cayó al suelo totalmente inconsciente. Pasó un instante para que dos amigos del derrotado saltaran a la roca haciendo grandes gestos e insultando a Itosu y a su ciudad. Rodearon los flancos de Itosu y, a una señal, atacaron simultáneamente. Antes de que

cayeran sobre él, Itosu saltó a la derecha, mientras bloqueaba el codo descendente de uno de los atacantes con sus dos manos cruzadas. Al mismo tiempo, lanzó su talón derecho contra la mandíbula del otro, levantándole en el aire y cayendo este con los brazos abiertos e inconsciente, con gran dificultad para respirar. Inmediatamente, lanzó su otra pierna hacia la entrepierna del que estaba agarrando, siendo el resultado de esta acción otro hombre en el suelo con los brazos abiertos sin moverse. El silencio era sepulcral, la gente no podía creer lo que estaba sucediendo; en menos de diez segundos dos fornidos peleadores plácidamente durmiendo, y el otro asfixiándose.

"¿Queda algún hombre con el valor suficiente para enfrentarse a un karateca de Shuri?", preguntó Itosu a los espectadores mirando alrededor lentamente. "Juegos de peluquería", recitó con una profunda y potente voz, "me considero satisfecho".

Entonces otro ciclópeo hombre, más impresionante que el mismo Itosu, emergió arrogante entre la multitud. Los ojos de Itosu parpadearon un instante por la sorpresa, reconociendo a Tomoyose, y pensó que tenía que acabar con ese personaje lo más rápidamente posible. Era más grande y más fuerte que él, así que la única posibilidad que tenía era la velocidad.

Los dos hombres se saludaron, pusieron las manos sobre la roca Ude-kake-shi, y comenzaron a girar uno con respecto al otro. La gente comenzó a hacer apuestas, estas estaban a diez contra uno en contra del hombre de Shuri. Tomoyose lanzó de repente

un golpe en gancho directo a la sien izquierda de Itosu tan fuerte como para matar a un oso. Itosu bloqueó el brazo con el canto de su mano derecha (shuto) y saltó al lado contrario. Se pudo oír un crujir, como cuando se rompe una caña. El brazo del campeón colgaba roto en dos, como si tuviera dos codos articulados, y su cara mostraba un dolor espantoso. El gran Tomoyose acababa de ser derrotado por el hombre de Shuri en un segundo.

El Maestro Itosu mantuvo muchos combates individuales y contra varios combatientes al mismo tiempo. En aquellos combates se admitían no solo paisanos okinawenses, sino también marineros occidentales que recalaban en el puerto. Itosu sufrió muchas heridas en las peleas, pero nunca perdió un combate.

Itosu, tenía el cuerpo tan bien entrenado que parecía invulnerable. En una ocasión, cuando visitaba una zona de recreo de Naha, decidió entrar a un restaurante. De repente, sin previo aviso, un joven le atacó por la espalda lanzándole un fuerte puñetazo al costado. Itosu, sin tan siquiera volverse, endureció sus músculos abdominales haciendo que el puño rebotara al mismo tiempo que agarraba con la mano derecha la muñeca del atacante. Sin volver la cabeza, lo arrastró dentro del restaurante; allí pidió comida y vino a la asustada camarera mientras continuaba sujetando la muñeca de aquel hombre. Bebió un sorbo de vino y después lo arrastró hasta colocarlo frente a él mirándolo entonces por primera vez. Después de un rato sonrió y dijo: "No se qué tienes contra mí, pero tomemos un trago juntos". El joven quedo anonadado y profundamente avergonzado.

A partir de entonces, el nombre de Itosu fue muy conocido en Naha. Era el hombre que había que ganar si se quería tener una reputación importante en el mundo de las artes marciales y reconocimiento social. No pasó mucho tiempo después de su enfrentamiento con Tomoyose cuando tuvo la oportunidad de someterse a otro test. Un día, cuando volvía a casa, oyó pronunciar su nombre desde dentro de una taberna. Era un antiguo amigo que le invitó a unas rondas de sake y recordar antiguas épocas en afable conversación. Cuando comenzaba a hacerse de noche, Itosu decidió regresar a casa. Era una noche nubosa que, intermitentemente, apagaba la luz de la luna. El camino recorría la senda del bosque de pinos de Daido. De repente, se vio rodeado por tres bandidos que reclamaban su dinero, cosa bastante frecuente en aquella época sin ley y con muy poco control policial.

"Si esa bolsa es tan gorda como tu cabeza, es una buena presa", dijo el primer bandido con voz rasposa a los otros dos.

Itosu miro al que hablaba y noto que llevaba un sai (pincho agrícola de tres puntas). El otro portaba un bo (palo) de 190 cm, mientras el tercero iba con las manos vacías. En ese momento las palabras de su Maestro Matsumura llegaron como un rayo a su mente: "Si alguna vez te ves envuelto en un ataque múltiple, concéntrate primero en el arma que pueda ser lanzada y después en las demás".

Mientras una nube oscurecía la luna, Itosu aprovecho esta oportunidad para actuar antes de que la frase acabara de pronunciarse. Dio un salto y, agarrándose a una rama se perdió entre el follaje, fuera de la vista de los atacantes. El hombre del sai, armó su brazo para lanzar el arma, pero dudó un instante para poder precisar mejor la puntería. Mientras se movía para encontrar una posición más favorable desde la cual ver mejor su diana, no pudo percibir cómo el que iban a robar se lanzaba sobre él, arrebatándole de la mano el arma mientras caía al suelo. Itosu le aplicó entonces un golpe con el canto de la mano (shuto) directamente a la nuca, rompiéndole el cuello.

El hombre del bo era el siguiente. Llegó demasiado tarde para salvar a su amigo. Después de unos escasos segundos de amagos, Itosu, mientras daba pasos hacia atrás protegiéndose con el sai, se dio cuenta de que este bandido era un experto en el uso del palo como arma.

Entonces descubrió que los movimientos que manejaba aquel hombre pertenecían a una kata conocida como "shiu shi no kon". Esta era una kata que fue introducida en Okinawa por un Maestro chino y que tenía mucha peligrosidad. Itosu sabiendo el peligro que corría, se arriesgó anticipándose en un instante en el que el bo iba hacia atrás para armarse, y que es un punto débil de esta kata. En ese preciso momento, con un latigazo de su muñeca, hizo girar el sai como un abanico. Acertó en la decisión. Al iniciar el hombre la acción de carga, ya tenía el sai clavado profundamente en su pecho, muriendo en el acto

El otro hombre, viendo todo esto, salió corriendo despavorido. Vivió lo suficiente para ir contando este lance, el cual contribuyo notablemente a realzar la enorme destreza y la imagen mítica del que después sería el Maestro Itosu.

A pesar de todo, y ni teniendo en cuenta el imponente porte del Maestro, todavía aparecían luchadores que desafiaban a Itosu. Muchos le retaban para alcanzar fama y ponían no solo su integridad física en grave peligro, sino incluso sus vidas. Otros, aun sabiendo que iban a perder, desafiaban al Maestro, solo para presumir de que habían sido derrotados por el gran hombre y solo esto ya era un gran honor. Incluso a la edad de 75 años todavía se enfrentaba a jóvenes ansiosos de tener el honor de destronar al gran Maestro. Nunca perdió un combate. Él siempre decía que lo que había perdido en fuerza física lo había ganado en sabiduría y esto era superior a cualquier fuerza o técnica.

En aquella época, Okinawa estaba totalmente dominada por Japón. Este país comenzaba a mostrar su poderío en el mundo occidental. Incluso los japoneses más optimistas estaban sorprendidos de cómo la flota rusa, un país 300 veces más grande que Japón, había sido derrotada en Port Arthur. Sin embargo, todo el acero de los barcos japoneses no era suficiente para doblegar el orgulloso carácter okinawese. Este carácter, este espíritu, estaba encerrado precisamente en las Artes Marciales okinawenses.

Un día, durante esos años, un policía "naichi", apodo que recibían los policías japoneses del interior, se mofaba de los karatecas locales empequeñeciendo su arte, retando a cualquiera de ellos. Itosu, que tenía entonces el cargo oficial de programar la educación física en los estudios académicos, se sintió molesto por el comentario y, como ya era costumbre en él, decidió tomar cartas en el asunto.

Se dirigió al director de la Universidad, que era japonés. "El Kárate no es un deporte", le dijo Itosu, "es más bien un arte para matar. Solo se deberá usar para defensa personal y como último recurso".

El director, que tenía a Itosu en gran estima, se dirigió al alcalde y este confirmó lo alegado por el Maestro. Todos los oficiales de la prefectura eran japoneses provenientes de una región del interior llamada Kagoshima. Todos eran de la misma región del policía que había iniciado este debate y además le consideraban invencible, pues era un campeón invicto en el arte de Naichi, que después pasó a denominarse Judo.

"Pienso que esta sería una buena oportunidad para comparar el arte del Judo japonés con el Kárate okinawense", se dijo el jefe de la policía. "He tomado la considerada opinión de permitir que se celebre este combate. De esta manera, el pueblo Okinawense reconocerá para siempre que el arte de Naichi es superior al Kárate".

Cuando Itosu oyó que el combate fue oficialmente permitido, reunió a todos sus alumnos y les instruyó muy formal y solemnemente. "Pronto veréis el Kárate en una situación real de combate, y he decidido enfrentarme al experto en judo personalmente. No le mataré, naturalmente, pero tengo que demostrar a los del interior que el Kárate es

el arte más peligroso y efectivo que existe con las manos vacías. Por eso, quiero que todos vosotros estéis presentes".

La confrontación entre los dos grandes artistas marciales fue un gran acontecimiento: Kárate contra Judo. Se celebró por la tarde en el recinto universitario y horas antes de empezar el combate las gradas ya estaban abarrotadas de estudiantes policías y público. Los policías y los oficiales japoneses no se contenían en mostrar su sarcasmo contra los isleños okinawenses. Un silencio sepulcral se hizo en el recinto cuando entró aquel venerable hombre de 75 años de edad para defender el honor del Kárate.

La indignación del público japonés llegó a mostrarse como un gran enfado colectivo. Sintieron que se insultaba a su gran campeón de Judo. Su victoria perdería todo el mérito si se limitaba a vencer a un desvalido anciano, pensaron. Por esta razón, el combate fue casi pospuesto, y lo hubiera sido de no ser pública la tremenda reputación de Itosu. Así pues, con algunas reservas, entró el experto en Judo al ring.

El experto Judoka comenzó el combate describiendo un círculo alrededor de Itosu, haciendo gestos burlescos como para guardar las apariencias. Itosu, con gran calma, pivotaba mientras mantenía la mirada fijada en los ojos del japonés. El viejo isleño se mostraba tan relajado que parecía ridículo , incluso para sus alumnos. De improviso, el policía se abalanzó hacía adelante y agarró la manga y el escote de la ropa de Itosu, pero en menos de un parpadeo, los espectadores vieron con sorpresa cómo el japonés caía al suelo. Itosu había conectado su puño izquierdo profundamente en el plexo solar del Judoka, acompañado de un sonoro grito seco (kiai). El joven quedó en el suelo encogido de lado intentando respirar con dificultad.

Todo sucedió tan rápidamente que los oficiales japoneses quedaron sin palabras. Solo oyeron un único kiai, y allí estaba en el suelo retorciéndose el admirado campeón.

Entonces, Itosu, tranquilamente, se inclinó hacia el caído, y comenzó a practicar una técnica de katsu (arte de la recuperación) y, en muy poco tiempo, sus arrugadas y manchadas manos con lunares seniles, consiguieron que el judoka se sentara anonadado y recuperara el estado normal.

Después, Itosu se dirigió hacia la zona donde se encontraban sus alumnos, y con su característica voz crujiente, que era perfectamente escuchada por el silencio que envolvía al público, les instruyó con este monólogo: "Hoy", dijo, "habéis visto lo que el Kárate puede hacer contra el no iniciado en el Kárate. Nunca debería ser usado a no ser que no haya otro recurso. Espero que este combate y esta lección la contéis a vuestros futuros alumnos y sea recordada para siempre".

Diciendo esto, Itosu se marchó lenta y tranquilamente y este acontecimiento entró en la historia.

Actualmente, Itosu es recordado sobre todo por sus katas. Durante todos los largos años de enseñanza académica, centró sus esfuerzos en que cada persona debería alcanzar el máximo de sus posibilidades físicas a lo largo de su vida. Llegó al convencimiento de que cada persona tiene que desarrollar el máximo de perfección hacia sí mismo y hacia los demás. Defendía que, antes de desarrollar cualquier tipo de actividad en la vida, el estudiante debería desarrollar un máximo de equilibrio entre el cuerpo y la mente. Estaba totalmente convencido de que el entrenamiento serio y continuado de las katas era el mejor sistema para alcanzar el éxito en estos puntos.

Él enseñaba que el control del movimiento del cuerpo, la observación de la respiración, la calma de la mente y la concentración podían desarrollarse plenamente a través de la práctica de las katas. Itosu creía que, utilizando el Kárate, el hombre podía canalizar la violencia y redescubrir el cuerpo como herramienta de expresión. Creía firmemente en el adagio griego que decía "mens sana in corpore sano".

El Kárate, tal como se practica hoy, le debe mucho a Itosu. Él usó el Kárate, no solo como defensa personal de gran eficacia, sino como un vehículo para transformar el carácter del ser humano. Su frase más famosa fue:

"El Kárate es una forma de vida, un camino para alcanzar la completa seguridad en sí mismo y la ausencia de miedos".

Efectivamente, el Kárate es una materia que concierne al carácter del ser humano como unidad, físico - emocional - espiritual. Camina en contra de la beligerancia innecesaria y de la gloria fatua.

Quizás sea la historia del Maestro Itosu, uno de los mejores ejemplos en el mundo de las Artes Marciales, en el que de una manera muy gráfica podríamos describir lo siguiente; el mejor bombero es un antiguo pirómano curado; el más eficiente policía es el viejo ladrón arrepentido; y el mejor médico es aquel que ha estado gravemente enfermo, se ha curado y emplea el resto de su vida para curar a los demás.

El Maestro Itosu, a lo largo de su vida, experimentó acontecimientos intensos que daban la razón, de alguna manera, a aquellas técnicas drásticas que empleara con él su padre durante la infancia y adolescencia. Aquellos entrenamientos de extrema dureza le valieron para poder soportar los odios contenidos nacionalistas, la peleas reivindicativas del orgullo entre pueblos, los ataques a muerte por bandidos que infestaban los caminos, la defensa no solo política sino sobre el ring, del Kárate okinawense contra el Judo japonés, la planificación de la educación física escolar introduciendo el Kárate como asignatura obligatoria en los colegios okinawenses y, más tarde enseñando en el mismo Japón Imperial.

Todos estos avatares quizás no los hubiera podido llevar a cabo una sola persona si ésta no hubiera tenido ese espíritu draconiano y un entrenamiento límite que forjó un carácter del que todavía en la actualidad nos alimentamos los que amamos las Artes Marciales. Alumnos notables posteriores, como lo fue el Maestro Funakoshi, continuaron aquel camino de búsqueda de la perfección física y mental, un camino de realización personal a través del cual se pretende alcanzar los límites últimos que el ser humano puede alcanzar. Esta es la vía que en la actualidad recordamos tradicionalmente con el nombre de Do y que, en gran medida, se la debemos al Maestro Itosu.

Mis Vivencias Con Sadaaki Sakagami

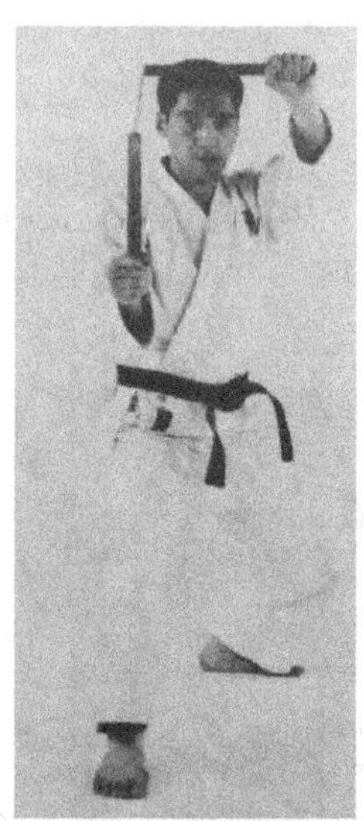

Sakagami rompiendo con nunchaku.

En aquel entonces, y a través de mi amigo Rafael Conejo, quinto Dan de Itosu-Kai, me informo de que se iba a celebrar un Curso de Kárate impartido por Sadaaki Sakagami Presidente de la Nippon Kárate-Do Itosu-Kai, al cual yo había escrito anteriormente, y que se desplazaba a Copenhague, Dinamarca, para dirigir un seminario o curso de Kárate invitado por un quinto Dan de Itosu-Kai llamado René Tigué, que tenía un gimnasio en la capital belga y que era conocido de Sakagami.

Teniendo esa oportunidad de conocer a Sakagami en persona y cambiar impresiones sobre el desarrollo en España del estilo Itosu-Kai, un grupo de karatecas alumnos míos y otros acompañantes, nos desplazamos a Dinamarca para asistir al seminario programado.

Entrenamiento en la ciudad de Copenhague (Dinamarca).

Antes del comienzo de los entrenamientos me presentaron a Sakagami a través de una traductora sueca que siempre suele acompañarle y que sabe perfectamente inglés y japonés, fue una presentación fugaz, quedando citados para más tarde y así cambiar impresiones con toda tranquilidad. Este primer contacto no me determinó ningún signo de cual podía ser el carácter o perfil de este Sensei Soke Sadaaki Sakagami. Hombre enjuto de estatura media y fácilmente reconocible como individuo nacido en Japón.

De mañana comenzamos los entrenamientos en un enorme pabellón polideportivo, lo catalogo de enorme, porque tenía una cafetería, restaurante, y salas y oficinas por todas partes. En el entrenamiento habíamos sobre ciento veinte personas y se agruparon en diferentes grupos de cintos y grados.

Como viene siendo habitual en toda clase de Seminario o Curso comenzamos con técnicas básicas para luego hacer otra clase de trabajo más técnico ampliando a los katas Pinan y aumentando a katas superiores para los cintos más elevados.

Este curso tampoco me aportó nada nuevo, solo la satisfacción de entrenar puro Kárate Itosu-Kai con el cuarto Soke del Dojo Central de Yokohama y Presidente de la Asociación. Por cierto, considero que técnicamente este Sensei no es de lo mejor, pero si es un gran comunicador y pedagogo que es lo más interesante en un Sensei.

Delegacion española en Dinamarca. Dojo de Rene Tiguë en Copenhagen.

Karatecas de Dinamarca, Suecia, Inglaterra, Italia, Finlandia, Sudáfrica y España nos congregamos en aquel pabellón para entrenar al mando de Sakagami y aprestándonos con un poco de orgullo para ver que grupo o país hacía los deberes más técnicos, por la expresión del Sensei en los entrenamientos comprendí que la delegación española le satisfacía en nuestro correcto quehacer.

Nos hospedamos en un albergue especie de hotel muy bien equipado y con unas instalaciones estupendas, este albergue nos lo facilitó un danés Karateca cinturón negro, que de vez en cuando venía a la costa malagueña porque poseía un apartamento en el Rincón de la Victoria, se llama Michael y él también participó en el curso, por tanto que le estábamos muy agradecidos. Cuando terminamos el primer entrenamiento nos fuimos a comer con el tal Michael y estuvimos comentando las incidencias de la jornada de instrucción.

Antes de reiniciar el siguiente entrenamiento, fui reclamado por Sakagami para departir y conocernos más en profundidad, nos sentamos en una mesa del restaurante del polideportivo y pedimos unos cafés, en la mesa estábamos el Soke   Sensei   Sakagami que solo sabía japonés, la traductora que siempre le acompaña (sabe inglés y japonés), Michael que sabe inglés, Rafa Conejo mi gran amigo, quinto Dan de Kárate y yo.

Rafi junto a la Sirenita
(Copenhagen).

Sakagami me preguntó mi edad, yo se la dije y él se rio y me dijo, siempre a través de la traductora y Michael, que él tenía la misma edad, también me comentó extrañado el cómo llevaba 30 años de práctica en el Kárate y solo tenía el tercer Dan, le respondí que como había estado varios años sin un líder al que seguir, nadie me había podido examinar, pero que en realidad a mí el conseguir cintos era lo que menos me interesaba, y el asintió con un gesto de satisfacción.

La conversación siguió por otros derroteros, de cómo estaba el Kárate en España y otras trivialidades, y en un momento determinado me dijo que si a mí y a mi grupo del gimnasio Dojo Torcal de la ciudad de Antequera nos interesaban pertenecer a la Nippon Kárate-Do Itosu-Kai como miembro en activo en España de esta Asociación, él me dijo las condiciones y yo acepté.

Las condiciones eran las siguientes, abonarle anualmente 500 dólares a la Asociación Itosu-Kai de Yokohama y el Dojo del gimnasio Torcal se convertiría automáticamente en el Dojo Central de Itosu-Kai en España, según Sakagami aquí surgía un problema, y era que Rafa Conejo, mi amigo, era por entonces cuarto Dan y yo era tercer Dan, y ocurría que el gimnasio Dojo Torcal era mío y yo era el director, yo dije que no había tal problema y que cedía los derechos de ser el máximo representante en España del estilo Itosu-Kai a favor de Rafa.

El acuerdo quedó establecido y firmado, y hasta la fecha, el Dojo del gimnasio Torcal es el Hombu Dojo en España de la Nippón Kárate-Do Itosu-Kai. Otro detalle que me sorprendió de esta entrevista era que Sakagami no dejaba de fumar un cigarrillo tras otro, y esto no me causó demasiada buena impresión, pero en fin cada uno puede hacer con su salud lo que le plazca.

En el siguiente día en Copenhague, nuestros acompañantes, novias y mujeres de los que íbamos al curso se marcharon a corretear la ciudad y nos comentaron que era muy bonita, por desgracia poco pude ver de la ciudad porque los entrenamientos ocupaban casi todo el día y entre el poco tiempo que nos quedaba y el cansancio que acumulábamos, de Copenhague vimos muy poco.

El autor en un seminario en Dinamarca.

Una de las anécdotas que recuerdo de este curso fue la siguiente:

Estando haciendo técnicas todos los asistentes al curso, resulta que el Sensei Sakagami se paseaba entre nosotros para corregir alguna que otra técnica, y también el profesor de la escuela de Copenhague René Tigé que era quinto Dan se paseaba entre las filas de los que entrenábamos haciendo la misma labor de corrección, pues bien, yo estaba haciendo un neko ashi dachi y un kake uke y este René Tigé me corrigió la postura de la mano que estaba haciendo el kake uke, yo me enfadé interiormente y dejé pasar el tema, pero dos minutos más tarde apareció el Sensei Sakagami y me cogió la mano y la volvió a la posición original, o sea que me corrigió la corrección que me había hecho este René Tigé.

Es curioso que a varios de los cursos a los que he asistido, gente de superiores cintos y danés me han querido corregir alguna que otra técnica o posición por el solo hecho de sentirse superiores, sin imaginar que yo les doblaba y triplicaba los años de práctica y experiencia dentro del Arte Marcial del kárate, como he dicho anteriormente nunca he alardeado de grados ni me han interesado los cintos y los niveles.

Estando en el curso de Copenhague, el danés Michael, el del apartamento en el Rincón, nos invitó a visitar el gimnasio del tal René Tigé, estuvimos allí y el Dojo resultaba espacioso y bien iluminado y apto para la práctica del Kárate.

Mientras los karatecas españoles estábamos visitando este Dojo, nuestros acompañantes, esposas, novias y amigas se quedaron por los alrededores, y en este paseo se colaron en una discoteca de estas que anuncian "sexo no sé qué" y que no estaba funcionando porque era de mañana, pero sí que por lo visto estaban ensayando, y el dueño o el encargado pues claro las echaron, y ellas venían muertas de risa por la historieta anecdótica.

Al final del curso todos los participantes que quisieron nos fuimos a cenar con Sensei Sakagami a un gran restaurante donde prepararon toda clase de platos y así nos despedimos todos y hasta otra, ni que decir tiene que todo esto, avión, curso, residencia y comidas nos lo tuvimos que costear nosotros, y como he dicho en anteriores líneas el Patronato nunca me subvencionó ni una peseta y ni un euro.

Pocos años más tarde, nos notificaron que Sensei Sakagami se desplazaba a la República de Irlanda para impartir otro seminario de Kárate invitado por un Sensei quinto Dan de esa localidad irlandesa llamado Leo Mulbany.

Michael, el danés, segundo por la izquierda.

En esta ocasión ya me había marchado muy desilusionado del Patronato Deportivo Municipal de Antequera, por circunstancias muy poco agradables de las cuales no voy a comentar ningún episodio.

Nos pusimos en marcha varios karatecas alumnos del gimnasio Dojo Torcal para ver la posibilidad de desplazarnos a Ballinasloe (República de Irlanda), y poco   después de ponernos varios de acuerdo, un grupo de trece personas formábamos esta expedición entre karatecas y agregados y nos fuimos para Irlanda y aquí sí que tengo que ir narrando varias anécdotas.

A la llegada al aeropuerto de Dublín nos recogió un pequeño minibús que pertenecía al hotel en el que nos hospedaríamos, tengo que decir que Ballinasloe según creo, está a más de doscientos kilómetros de Dublín y es un pueblo muy pequeño, saludamos al chofer que no sabía nada de español y nos pusimos en camino, menos mal que Enrique Luque se defiende bastante bien con el inglés y algún que otro también se defendía pero más bien mal, una vez en la autovía comenzó a llover, ¡¡y sorpresa!!, al parecer llevábamos un loco al volante, este chofer irlandés iba a toda pastilla y como en Irlanda en las autovías existen rotondas y se conduce por la izquierda, cada vez que entraba en una rotonda, nosotros que acostumbrados a la derecha y el cogía el lado izquierdo…nos entraba unas "cagaleras de muerte". Tengo que agregar que este Seminario lo programó el Sensei quinto Dan de Itosu-Kai señor Leo Mulbany, por ser el 35 aniversario de la implantación del Kárate Itosu-Kai en Irlanda.

Minibus del "chofer loco irlandes", que nos trasladó a Ballinasloe, Irlanda.

Durante este alocado recorrido el señor chofer, en un momento determinado del viaje, se llevó por delante algún que otro utensilio de señalización ya que había tramos en obras en la autovía. Llegamos al hotel de Ballinasloe sin otras incidencias, hotel que por cierto estaba bastante bien, nos alojamos, y poco después nos fuimos a entrenar con Sakagami.

Cuando me encontré por segunda vez con Sensei Soke Sakagami me dio mucha alegría, y él compartió el mismo sentimiento que yo, pues nos recordábamos como dos personas de la misma edad que habían entablado una corta pero entrañable amistad y que además coincidíamos en todos los aspectos más profundos del Kárate-Do.

La planificación de este seminario estuvo muy mal diseñada a cargo del Sensei Leo Mulbany, pues este señor prefirió el favorecer a los hoteles del pueblo antes que la cortesía, el beneficio y la comodidad de los karatecas que íbamos al curso o seminario y que nos habíamos desplazado desde diferentes puntos de Europa y otros países. Los entrenamientos se hicieron en dos partes, el primer día en uno de los salones de un hotel y el segundo día se hizo en el salón de otro hotel distinto.

Soke Sakagami con nuestro grupo.

El primer salón no tenía la capacidad suficiente para albergar a tanto karateca y el entrenamiento fue monótono y espeso porque casi no nos podíamos mover, se tuvieron que apartar varias docenas de sillas de aquella sala de hotel y aún seguíamos apiñados. El segundo día entrenamos en el salón de otro hotel, aquí si había más capacidad y espacio para trabajar pero el entorno no se parecía en nada a un Dojo, sillas y divanes pegados a las paredes para que pudiéramos hacer katas.

Durante algunos descansos de los karatecas adultos sacaban a entrenar y trabajar a los karatecas más pequeños trabajando los Pinan, y en esos intervalos nos sentábamos a dialogar con el Soke Sakagami, al parecer a Sakagami le satisfacía mucho hablar con nosotros, los de la Delegación Española, o sea con el grupo del gimnasio Dojo Torcal de Antequera, seguramente porque somos muy expresivos a la hora de comunicarnos, la cuestión es que en estos intervalos siempre estábamos charlando con Sakagami. En una de estas ocasiones nos tuvo que decir con una sonrisa que bajáramos la voz pues todos queríamos hablar al mismo tiempo y cada vez aumentábamos más el tono de voz.

En este seminario también apareció el estirado señor René Tigé quinto Dan de Copenhague, y también se paseaba entre las filas de karatecas corrigiendo algunos errores técnicos, pero esta vez observé que solo se dirigía a los cinturones de menor grado, yo estaba preparado por si se dirigía hacia mí para corregirme algún error imaginario, y despedirlo con cajas destempladas, me parecía a mí que este hombre estaba hinchado de aires, nunca lo observé trabajar en ningún entrenamiento. Este último entrenamiento fue menos aburrido pues Sakagami nos hizo trabajar a los cintos más elevados algunos katas superiores, aunque tampoco amplió en nada algunos katas que se deberían haber entrenado, creo que solo fue Bassai Dai el único kata superior que practicamos los cintos elevados.

Los cintos más elevados ejecutando Bassai Dai en el salón de un hotel.

Lo más interesante estaba cuando se efectuaba algún descanso, pues los componentes de nuestra Delegación aprovechábamos esos ratos para dialogar con Sakagami de distintas materias de Kárate, siempre con su intérprete, pues este hombre es una persona dialogante y afable y le gusta compartir ideas y debatirlas.

Trabajando Katas.

Como ya digo, el curso estuvo lleno de errores, a la hora del almuerzo nos llevaron a una especie de almacén del hotel que era enorme, aquello no estaba bien organizado y cada uno se sentaba donde podía, y algunos llegaron a comer algo y otros casi no comimos, y al salir de aquella especie de almacén que sirvió de improvisado comedor, nos metimos en un restaurante para poder tomar algo en condiciones.

Lo dicho, un desastre.

La última noche fuimos a una cena de despedida en los salones de uno de los hoteles, habló el alcalde de Ballinasloe agradeciendo la asistencia de todos los que allí estábamos, le regaló un presente a Sensei Sakagami, después habló el propio Sakagami. Yo había comprado en Antequera un par de regalos, uno era un plato similar al que le regalé al Sensei Choju Hentona, que consistía en el plato

Entrega de la Azucena de Plata en porcelana a Sakagami.

de porcelana con incrustaciones en plata de la Jarra de Azucena símbolo de Antequera y el otro regalo era una caja de botellas de aceite virgen de nuestra tierra, subí al estrado y a través de Enrique Luque que hacía de traductor le entregué los presentes.

Y aquí una nueva y divertida anécdota, en el momento de hacerle entrega a Sakagami de estos obsequios, en la cena de despedida y ante tantas personas, cuando le entregué la caja de botellas de aceite virgen y yo abrí la caja y le enseñé una de las botellas, él me preguntó que si aquello era para untárselo por el cuerpo estando en la ducha, Enrique y yo nos partíamos de la risa, le explicamos que era aceite de oliva que se usaba para cocinar los alimentos y que era un producto natural made in Spain que seguro que en Japón escasea y seguro que vale una pasta. ¡¡Ah!! a esta cena también asistió el estirado señor René Tigé con su esposa, él llevaba un traje oscuro con palomita y su esposa un traje largo de fiesta al estilo princesa, parecían que iban a visitar a la reina de Inglaterra.

Grupo Torcal con Sakagami.

Antes de terminar la velada y de todas las despedidas, un Sensei mayor que yo, al que no conocía de nada, y que por lo visto es el máximo responsable de Itosu-Kai en Escocia, se me acercó y me regaló una botella de güisqui escocés que aún la conservo sin abrir, y que me imagino tiene que ser de calidad por la pinta que tiene. Mis alumnos del gimnasio Dojo Torcal y de la Delegación Española regresaron para España, y mi familia y yo nos fuimos para Dublín para disfrutar unos días de esta magnífica capital, y que no me ocurriera como en el curso de Copenhague, que no pude disfrutar de la ciudad.

Dojo Central de Itosu-Kai en Yokohama.

Senseis de varios países.

22 AÑOS DE KÁRATE EN LA ESCUELA MUNICIPAL

Trabajando con los sais.

Tres cuartos de mi existencia han transcurrido trabajando y forjando karatecas en el Patronato Deportivo Municipal de Antequera, algunos formándose en el camino del Kárate-Do, y otros solamente practicando Kárate simplemente como si se tratase de un deporte más, la concepción íntegra del Kárate no todos la entendían.

La mayoría de los que son responsables de entidades deportivas y equipos (que están dentro del ámbito del deporte) solo viven obsesionados porque sus pupilos consigan el mayor número de trofeos y la obtención de alcanzar pequeños o grandes objetivos ganadores dentro de la especialidad que estén practicando. El lado bueno, que estaría en el primer lugar, sería procurar hacerlos hombres de buena voluntad, hombres que en el día a día fuesen cada vez mejores con sus semejantes y con él mismo, esta parte les da igual.

De los primeros alumnos de la Escuela Municipal.

Esto mismo ocurría y ocurre con los Patronatos Deportivos, que están más pendientes de conseguir que sus Escuelas Municipales alcancen grandes logros, que de hacer hombres de provecho a través del deporte, están más inclinados a que la Escuela Municipal de turno tenga los suficientes alumnos para así poder pagar al monitor que de crear personas de bien. Pero vamos a dejar esta materia porque sería un estudio para llenar otro libro.

Allá por el 1982 Akihiro Mieno, mi Maestro, fue reclamado desde el Área de Deportes del Ayuntamiento de Antequera para impartir clases de Kárate, aceptó y comenzó a dar esas clases de Kárate, pero solo duró un mes, ya que no le gustaba estar tanto tiempo en la carretera, esa pésima carretera que por entonces comunicaba Málaga y Antequera.

El autor, Egea y Rafi.

Me dijo que si yo quería venir a Antequera ya que él lo iba a dejar, yo acepté y desde ese mismo día trabajé para el Patronato Deportivo Municipal durante los 22 años siguientes.

Más de 40 cinturones negros han salido de mis enseñanzas y de ese Patronato, tanto mujeres como hombres que desde un primer momento vieron en el Kárate un nuevo atractivo para desarrollar las cualidades naturales de la persona, y algunos como ya he dicho anteriormente desarrollar también la otra parte, la parte humana y cívica. Recuerdo los primeros exámenes de cinturones negros primer Dan allá en Sevilla de Mari Carmen Cobos, de Antonio Morales, de Rafi Portillo, de Pilar Luque, de Claudio en Málaga, de Manolo Solís en Murcia, de Manuel y Eusebio en Córdoba, y un largo etc., cientos y cientos de alumnos son los que han pasado por esa escuela practicando Kárate.

Trabajo de katas en el pabellón.

Siempre he procurado en todas las empresas en las que he trabajado, cumplir en demasía con el trabajo a realizar, ya que mi carácter activo me ha hecho siempre hacer trabajos fuera de la jornada pero siempre que no me lo impusieran, y por tanto en el Patronato de Antequera no podía ser menos, infinidad de veces hemos acudido a

Cursos, a entrenamientos fuera de mi jornada laboral, también la mayoría de fines de semana convocaba entrenamientos extras en el polideportivo Fernando Argüelles, con el beneplácito del señor Juan, el conserje que en paz descanse y con el de Emilio Ríos el que lo sustituyó, ya jubilado, por descontado que nunca he reclamado ningún pago por estos trabajos extras y nunca fue esa mi intención, pero señores al menos haber dado las gracias.

En esos 22 años muchas han sido las actividades que he realizado dentro del Kárate, también he ido recopilando experiencia en el Kárate-Do y en mi vida cotidiana mediante esa gran relación con mis alumnos y con otras personas, karatecas, profesores y Maestros que han estado relacionados con el Kárate, gracias a todos ellos.

Jovenes karatecas de aquellos tiempos: ya tienen hijos mozos.

El trabajo del Kárate en la pista central del Fernando Argüelles no era muy recomendable, dado que estábamos ante la vista de toda aquella persona que entraba en él y de todo aquel que estaba esperando a que termináramos para jugar un partido de fútbol sala o cualquier otra actividad. Por lo tanto solicité una sala que nos reservara de las miradas de los curiosos.

Al poco tiempo nos dieron la zona alta de los pasillos del pabellón precisamente donde ahora se encuentra la sala de pesas. Le pusieron una mampara de pladul para cerrar el espacio y ahí comenzamos a entrenar los tres días a la semana. Como el suelo era de losas, tuve que comprar unas moquetas económicas de color azul una, y más adelante puse otra un poco más gruesa cuando la azul se deterioró, por cierto que la pagué de mi propio bolsillo.

Los primeros pasos en la escuela municipal.

Más adelante pedí un buen saco para golpear y me lo facilitaron ya que el Patronato Deportivo comprobaba que la cantidad de alumnos iba en aumento y por tanto tenían que atender algunas de mis demandas, aunque este Patronato ha sido de siempre muy cicatero, gracias a su director deportivo.

Tengo que indicar que por aquel entonces se estableció una escuela de Kárate en un local de Antequera que según creo recordar estaba en calle Merecillas y cuyo director era un tal Juan pero no recuerdo sus apellidos, este tal Juan ni era monitor ni cinturón negro por lo que sus alumnos estaban siendo burlados por este señor.

Como es lógico ese Dojo de calle Merecillas no podía funcionar durante mucho tiempo, y así ocurrió, no sé por qué motivo un día la Policía se presentó allí y cerró ese gimnasio y desde entonces no se supo más de ese personaje.

Durante ese mi primer período en el Patronato de Deportes, muchas personas intentaron abrir diferentes dojos de taekwondo y de Kárate pero no tenían el nivel ni la credibilidad suficiente, porque en esa época y en casi todas, el intrusismo estaba presente, y por lo tanto fueron desistiendo y cerrando.

Poco a poco el número de alumnos de la Escuela Municipal aumentaba y algún superior del Patronato Deportivo Municipal se aprovechaba de esta situación para aumentar su estatus y de vez en cuando me pedían que hiciera una exhibición aquí o allá, en cualquier colegio o instituto.

Grupo de mayores de aquellos primeros años.

Muchos de mis alumnos desde el año 1983 hasta la fecha han ido examinándose y consiguiendo el cinturón negro, creo recordar que el primero en conseguirlo fue Claudio Vidal Giné, después vinieron muchos más, Manolo Solis, Pilar Luque, Mari Carmen Cobos, Antonio Morales, Fernando Sierras, Paco Pozo, Rafi Portillo, María García, Juan Carlos Sánchez, Armero, Manolo de Archidona, Eusebio de Archidona, David Povedano, Alberto Pérez, Abdelghani Lotfi, Rafa Hinojosa, Jesús Montenegro Enrique Luque, Cristóbal, Gordillo, José Manuel Ruíz,… y un largo listado.

En esos veinte años de trabajo de Kárate en el Patronato, he asistido unas veces yo solo y otras con mis alumnos o algún grupo de alumnos a muchos de estos cursos, múltiples seminarios y exhibiciones, en los cuales hemos paseado el nombre de Antequera por toda su Comarca. Recuerdo una exhibición en el Instituto de los Colegiales donde durante la exhibición alguien soltó una carcajada por algo que le hizo gracia de lo que estábamos haciendo, y Claudio Vidal se encaró con el de la risa, y yo tuve que calmarlo.

Un día me llamó por teléfono Juan Morales de la Asociación Amako de Kobudo y me invitó a participar en la Gala de Artes Marciales que se hace todos los años en el pabellón de Carranque de Málaga. Estuvimos entrenando a destajo y preparamos una gran exhibición, rompimientos, mawaris y una coreografía sobre el Kárate que tuvo una gran acogida por parte de los asistentes a aquella gala, al término del evento me entregaron a mí y a mis alumnos un trofeo que era una pirámide, trofeo que se quedo el director del Patronato, no tenía que habérselo dado, tenía que habérmelo quedado yo porque este señor no aportó nunca nada positivo a la Escuela Municipal de Kárate.

Hicimos exhibiciones en un colegio de Málaga que estaba junto al puerto y que por lo visto los mandatarios de dicho colegio tenían amistad con el director del Patronato de Antequera. Exhibición en el Instituto José María Fernández, exhibición en Archidona, exhibición en Villanueva de Algaidas, exhibición en Casabermeja, ésta la hicimos en la plaza del pueblo, exhibición en Mollina, exhibición en el Colegio Infante Don Fernando, en La Inmaculada, en los Colegiales y en algún que otro lugar que me cuesta recordar.

Rafi, mi mujer.

Todas estas exhibiciones requerían un entrenamiento especial y un trabajo extra muy considerable pues había que preparar todo esto fuera de las clases habituales de Kárate y en fines de semana, con lo cual el cúmulo de horas fuera de mi jornada era considerable, insisto, todo esto nunca fue valorado por el Patronato Deportivo Municipal.

No quiero hacer de este libro un panfleto de protestas hacia el Patronato, solo plasmo mis vivencias y mi trabajo en el Ayuntamiento lo más auténtico y fidedigno que mi memoria me permite.

Luis, mi hijo de pequeño, un máquina.

Después de un tiempo haciendo Kárate en el pasillo de la parte alta del pabellón, justo donde ahora se encuentra la sala de pesas, y visto que excedíamos en número a la capacidad de la sala por la gran cantidad de alumnos que se inscribían, ampliaron el polideportivo por la pared del fondo e hicieron una sala que es el gimnasio grande, le pusieron parquet en el suelo y los espejos que actualmente existen, y también los vestuarios, que allí siguen renovados, también colocaron unas espalderas que aún existen. Allí trabajé con mis alumnos hasta que me marché del Ayuntamiento, en total fueron 22 años trabajando con infinidad de alumnos pequeños y grandes y enseñando el Kárate-Do Tradicional del estilo Itosu-Kai.

Esta nueva y gran sala tenía un problema, el techo era de chapas, como todo el resto del polideportivo y en el verano no había manera de soportar las altas temperaturas que en aquella sala se acumulaban, y por lo tanto comencé una protesta al Patronato para que resolviera el problema. Las altas temperaturas llegaban a alcanzar los 44 grados, con lo que el suelo se recalentaba y allí había que aguantar medio infierno.

Todos reclamaban la solución al problema del excesivo calor de la sala y en especial los padres y madres de los pequeños, y recuerdo que por aquellas fechas la Escuela Municipal de Kárate del Patronato Deportivo Municipal del Ayuntamiento de

Antequera tenía una media de 150 alumnos, la escuela más numerosa, ya que la de fútbol aún no había despegado lo suficiente, con ello quiero decir que el PDM ganaba dinero con la Escuela de Kárate, dinero que no revertía en la propia escuela, ya que los cursos de Kárate a los que yo acudía para reciclarme o acumular sapiencias me los tenía que pagar yo solito de mi bolsillo, como siempre ocurría en ese Patronato.

Mi suerte durante estos años fue que la actividad que yo ejercía era desconocida para el que manda en el Patronato y por tanto no me podía dar ninguna orden ni indicarme nada sobre él, por lo cual yo era dueño de mi trabajo y no tenía que obedecer a nadie, solo tenía que cumplir los objetivos que yo me propusiera.

Reconstruyo mi memoria y recuerdo que ante tal cantidad de alumnos tuve que ampliar el horario de las clases y ya no había más remedio que trasladarme a vivir a Antequera, y al mismo tiempo tuve que acudir a la ayuda de mi mujer Rafi para poder dar todas las clases con ciertas garantías de aprendizaje, había días que en cada clase se podían encontrar de 40 a 60 alumnos, por lo tanto con un solo profesor era muy complicado impartir las diferentes materias que el Kárate-Do lleva en sus entrañas.

El autor con los pequeños.

Tengo una anécdota curiosa de aquella época, ocurrió que una noche en una de las clases que yo impartía ayudado por mi mujer, se presentaron dos personas a las que yo no conocía ni las había visto nunca, venían en pantalón deportivo corto y con unas raquetas de tenis en la mano, sin consultar nada ni con nadie se colaron en el gimnasio o sala de Kárate y se quedaron observando cómo se desarrollaba la clase, me dirigí hacia ellos y les dije: "por favor, aquí no se puede estar en pantalón corto y con zapatos, por favor salgan de la sala", se salieron, pero se quedaron mirando desde la puerta, uno de mis alumnos se dirigió hacia mí, era Pepe Conejo y me dice, "Sensei esos dos a los que usted les ha dicho que se marchen son el Concejal de Deportes señor Garach y el Alcalde señor Paulino Plata".

Mujeres con Egea.

Fuese quien fuese, y sea quien sea, nunca permitiría que nadie pise con zapatos el tatami del Dojo en que estoy dando clase, me acerqué a estos dos y les dije que lo sentía pero que no podían estar en el Dojo de esa guisa, lo comprendieron y me hicieron un comentario que me dejó perplejo, el Concejal de Deportes señor Garach me dijo, "yo no creía que hubiese tantos alumnos en la Escuela de Kárate", con lo que me dio a entender, como otros predecesores, que no tenía ni idea de lo que debe ser un Concejal de Deportes.

Cinturones negros españoles con Sakagami.

Salto en tobi geri de mi hijo Luis en los primeros tiempos del pabellón.

Uno de estos cursos al que periódicamente solía acudir fue con Luis María Sanz, campeón del mundo de katas, perteneciente al estilo Shotokan, gran Karateca, serio y con un Kárate impecable, como es lógico no saqué mucho provecho pues su estilo de hacer las formas (katas) es totalmente diferente al estilo mío Itosu-Kai. Pero a mí estas circunstancias no me afectan ni son un problema a la hora de trabajar Kárate, en esta época yo no estaba para muchas exigencias, ya que no tenía a nadie que me dirigiera y enseñara más sobre mi estilo, por lo tanto, aprendía de aquí y de allá, tanto de Shotokan, de Goju Ryu o de Shito Ryu.

De todas maneras, creo que aprender de otros estilos siempre puede enriquecer y siempre se pueden recoger aspectos positivos, claro está, siempre que te formes y aprendas de un Sensei o un Karateca de un alto nivel técnico y pedagógico.

Javier, un Karateca amigo mío de hace décadas, y por entonces tercer Dan de Goju Ryu, me llama y me sugiere la posibilidad de invitar a José Manuel Egea, tres veces Campeón del Mundo de Kárate en Kumité (combate) y dos por equipos, al parecer mi amigo Javier tenía cierta amistad con Egea. Sin ninguna duda el mejor karateca español de todos los tiempos. Me ilusiona esta idea ya que Egea es un reconocido karateca por todas las latitudes del hemisferio, y que él acudiera a Antequera para impartir un curso de kumité a mí y a mis alumnos de la Escuela Municipal de Kárate sería algo fantástico.

Mis alumnos y yo trabajando en el polideportivo Fernando Argüelles.

Traer a Egea a Antequera para impartir un curso de Kumite, planteaba dos posibles problemas uno, que él cobraba una pasta por cada curso de fin de semana, y también que si mis alumnos estarían dispuestos a asumir ese coste, y dos, hablar con el director del Patronato Deportivo Municipal para buscar fechas que nos permitiera celebrar el Curso en la pista central del Arguelles, ya que había que tener en cuenta que el Curso era de un fin de semana, o sea, sábado y domingo.

En principio hablo con Pedro Aragón y lo primero que me dice es que el Patronato no está constituido para que la gente se lucre con cursos y seminarios, y también me preguntó que quien iba a pagar a Egea, le dije que yo hablaría con mis alumnos para asumir entre todos los gastos del Curso si era posible, al final me dijo que ya me contestaría. A los pocos días me dio el visto bueno y las fechas en la que el evento se podía realizar. Como se verá Pedro Aragón director Deportivo del Patronato siempre dando facilidades.

Egea cobraba alrededor de 400.000 pesetas de las de entonces, hablo con él y le cuento que son mis alumnos los que van a pagar el curso, y llegamos a un acuerdo como un favor personal hacia mí, vendría por 240.000 y la estancia pagada. Ese escollo ya estaba solventado, hablo con mis alumnos y haciendo un gran esfuerzo puedo reunir a 80 alumnos que están dispuestos a pagar 3000 pesetas cada uno y por lo tanto lo llamo y le digo la fecha para que venga a impartir el esperado curso.

Egea es un karateca súper amable y su palmarés no es óbice para que dialogue sobre cualquier tema de Kárate, incluso para entrar en cualquier debate sin problemas de ego.

Yo había hecho un llamamiento a la gente del Dojo Kuro Obi de Málaga por si algún alumno se quería inscribir y entrenar con Egea, pensaba yo que de esta manera si venían gente de fuera de Antequera, menos costoso nos saldría al haber más gente que pagara, les dije lo que costaba el curso y el día señalado para el comienzo 90 karatecas estaban esperando la llegada del campeón del mundo José Manuel Egea.

El entrenamiento con Egea fue todo un éxito, se practicaron infinidad de técnicas de combate y técnicas de Kihon-waza, toda clase de derribos, barridos, técnicas de gyaku zuki, tai sabaki, encadenamientos, desplazamientos, en fin todo un repertorio de lo que Egea atesora. Tengo que apuntar una brizna negativa sobre este curso y es que los ocho o diez alumnos del Dojo Kuro Obi de calle Federico Chueca de Málaga, se presentaron por la cara en el pabellón Fernando Argüelles, hicieron el Curso de Egea y se marcharon sin pagar ni un duro.

Como siempre hacía el Patronato, y en este caso su director, nosotros ideábamos un proyecto, planificábamos, organizábamos, nos rompíamos la cabeza contactando con varios frentes y luego depués del éxito ellos se ponían las medallas, a nosotros, ni las gracias.

Otro de los cursos lo tuvimos dentro de la sala grande o sea en el gimnasio de la parte de arriba del polideportivo y estuvo a cargo de Javier, este amigo al que he aludido anteriormente, el cual venía acompañado de Rafa, campeón de Andalucía y miembro del equipo para competir en los campeonatos nacionales, el curso fue muy interesante y los karatecas de la Escuela Municipal lo pasaron muy bien. En este caso no pedí permiso a nadie para poder celebrar el Seminario, me salté el protocolo y amén.

Trabajo de defensa personal (Kárate).

La pureza del Itosu-Kai que mi Maestro Akihiro Mieno me había legado, siempre he intentado transmitírsela a mis alumnos, y durante tantos años el comportamiento dentro del Dojo ha sido de lo más impecable y respetuoso. El camino del Do y del Bushido lo he intentado seguir siempre y esa ha sido mi única meta dentro del Kárate, y en mis opiniones y en algún que otro artículo, persistentemente hago hincapié sobre este tema, porque con la competición, las licencias federativas, las competiciones que organizan las federaciones para sacarle los dineros a la gente, las exhibiciones que se hacen en los campeonatos del mundo y otras trivialidades, el camino del Do se está perdiendo poco a poco, y se está convirtiendo en un circo, y solo en Japón con los antiguos Maestros y algunos que aún seguimos creyendo en el Do y en el Bushido "Camino del Guerrero", como digo, solo vamos quedando unos pocos apasionados de este Arte Marcial..

Durante toda esta época fueron cientos y cientos los alumnos que pasaron por mis enseñanzas, alumnos de todas las edades y sexos y a los que yo procuraba transmitirles todas las técnicas del Kárate, porque no hay que perder la perspectiva de que el Kárate es un Arte Marcial de combate y por lo tanto está diseñado para ello, para la defensa personal, pero al mismo tiempo hay que enseñar e inculcar la verdadera doctrina del Do, que son los valores intrínsecos de este método de combate, la amistad, valentía, compañerismo, respeto a los mayores, sacrificio, disciplina, etc.

Ahora recuerdo que asistimos a algunos entrenamientos en la playa de la Misericordia, rememorando aquellos entrenamientos con Akihiro, entrenamientos muy entretenidos en los cuales asistían los padres de los pequeños karatecas que veían el desarrollo progresivo de sus hijos en el Kárate Tradicional, y que como costumbre enraizada en Japón, las escuelas tradicionales periódicamente entrenan en la playa.

Otro entrenamiento en la playa.

EL KÁRATE-DO EN EL DOJO TORCAL

Hombu Dojo Torcal de Antequera (España).

Después de mi salida del Patronato Deportivo Municipal y sorteando varias odiseas, inauguramos el gimnasio Torcal en calle Juan Porras, con su sala de Kárate incorporada. El tatami era de parquet de madera, montado por nosotros mismos, y allí comenzamos las clases con grupos de pequeños y mayores.

Como era de suponer, después de tantos años en el pabellón Fernando Argüelles, y yo como profesor de esa Escuela, era de esperar que mis alumnos abandonaran el Patronato Deportivo Municipal y se viniesen a mi gimnasio, ya que no querían cambiar de estilo ni de profesor. Sin muchas incidencias que narrar, estuvimos durante dos años en calle Juan Porras y por circunstancias de espacio esta vez nos trasladamos a calle San Pedro que es donde nos encontramos en la actualidad, y donde llevamos impartiendo clases aproximadamente sobre unos quince años.

Estos quince años han sido muy prolíferos en toda clase de eventos y en muchas de las materias concernientes a las Artes Marciales, porque una vez independizado, y sin tener que depender del Patronato Deportivo se podían emprender iniciativas mucho más substanciales para lograr un mayor acercamiento al trabajo puro del Kárate-Do.

En todo este tiempo hemos podido contactar con Sensei Hentona con más profundidad para hacer Kobudo a través de Germán tercer Dan de Kobudo de la Asociación Amako, hemos asistido a diferentes cursos de diferentes Artes Marciales, hemos invitado a toda clase de profesores, ya sean de Kárate o de otra disciplina de combate, hemos hecho galas en beneficio de la Asociación de Enfermos de Fibromialgia de Antequera, hemos ayudado a algunos colegios en sus labores extraescolares llevando el Kárate a sus aulas, trabajamos al menos una vez al mes algún que otro fin de semana con los cinturones elevados algunas veces y con los pequeños otras.

Comenzamos a trabajar el tema del Goshin correspondiente a lo que yo denomino "Defensa Personal Integral", que no es un trabajo solo y específico de luxaciones, estrangulaciones, inmovilizaciones o proyecciones, sino un conjunto de todas estas técnicas recogidas del propio Kárate. Este programa lo está desarrollando mi hijo David que se está especializando en la Defensa Personal Integral además del Kárate.

Quiero añadir, porque no quiero dejarlo en el tintero, que en todo estos años de vida del gimnasio Dojo Torcal, hemos tenido que batallar día tras día contra el intrusismo, infinidad de personas que no son auténticos profesionales de las Artes Marciales ya que no poseen titulaciones ni experiencias contrastadas, han ido apareciendo en asociaciones, colegios, gimnasios, institutos e incluso en alguna entidad municipal, engañando a todos y dejando nuestro Arte Marcial por los suelos. Me he preguntado en infinidad de ocasiones como un colegio o un instituto puede "fichar" a cualquier persona que dice saber Artes Marciales, sin pedirle el currículum ni titulaciones pertinentes.

Antonio Lozano, Jeet Kune Do: No recuerdo en qué circunstancias llegué a conocer a Antonio Lozano, pero ahora me alegro y estoy agradecido a la predestinación de haber conocido a este profesor. Antonio Lozano es un estudioso del Jeet Kune Do, disciplina que conocimos a través de aquellas películas que protagonizaba Bruce Lee, precursor de este Arte de Combate y quizás también de todo lo que ha venido detrás, pues gracias a él a sus películas y a su vida, han dado paso a la práctica y evolución de las demás disciplinas de combate en nuestro país.

Antonio y yo contactamos, y como digo, no recuerdo en que momento nos hicimos íntimos amigos, ofreciéndose a impartir de vez en cuando clases en mi Dojo de Antequera, de hecho a dirigido varios cursos a mis alumnos del Dojo Torcal, también se ha hecho acompañar de algunos de sus alumnos para hacer más amenos los entrenamientos de Jeet Kune Do.

Si quieres conocer cualquier pasaje, cualquier técnica o trabajo, cualquier nombre o algo referente al Jeet Kune Do, pregúntale a Antonio Lozano, esa es la persona idónea para hacerle cualquier pregunta sobre ese tema. Un estudioso y un viajero, pues donde se celebre un seminario nacional o internacional de esa disciplina, allí probablemente lo encuentres. En cada Gala que hacemos desde el gimnasio Torcal, siempre a beneficio de alguna organización que nos lo solicite, allí se encuentra Antonio Lozano para prestar su gran ayuda donando trofeos o lo que haga falta.

Hace unos meses me invitó a que viéramos y entrenáramos en su gimnasio. Gimnasio que ha comenzado a funcionar y que sin ánimo de lucro lo llevan entre él y sus alumnos, estuvimos visitándolo y ese día entrenamos y tengo que decir que es un sitio bastante acogedor y que poco a poco lo esta completando con los utensilios propios de su entrenamiento, es el presidente de una Asociación llamada Axarquia Training Group. A mis alumnos le suele decir que cuando quieran tienen las puertas abiertas de su gimnasio y que se pueden pasar a entrenar siempre que se les apetezca.

German (Amako) Kobudo (armas): Germán, tercer Dan de Kobudo, alumno directo del Sensei noveno Dan Choju Hentona, máximo exponente del Kobudo y Kárate de una rama del Goju Ryu. Germán se ha trasladado varias veces a Antequera para entrenar con nosotros y enseñarnos algunos katas de Bo y Tonfa.

Germán trabaja el Kobudo como él solo, maneja el Bo como si fuese una quinta extremidad de su cuerpo, viéndole trabajar es un encanto porque todo lo hace fácil, claro que la experiencia es un grado y el lleva muchos años trabajando Kobudo. Tiene mucho interés en que nosotros avancemos en el trabajo y especialización del Kobudo ya que al parecer es una sugerencia dada por su Maestro Sensei Hentona.

Aikido: Hemos asistido a algún que otro curso de Aikido de los cuales no recuerdo el nombre de los profesores, y hemos entrenado algunas de las técnicas y proyecciones de este Arte Marcial del Maestro Ueshiba.

Hemos asistido a infinidad de cursos de diferentes ramas de Kárate como Shotokan, Goju Ryu, Shito Ryu, y otros. Recuerdo un Curso con Antonio Oliva Seleccionador Nacional del equipo de Kumite, gran entrenador y gran pedagogo, en dicho curso se plantearon idénticas técnicas que las empleadas en los entrenamientos de la Selección Nacional, este curso fue muy provechoso pues yo mismo he procurado ir aplicando algunas de las técnicas desarrolladas por Antonio Oliva pues las considero muy interesantes.

A otro de estos cursos asistimos a entrenar con el que fue Campeón del Mundo de Katas, Luis María Sanz, un karateca experto en katas y un perfecto técnico a la hora de ejecutar las técnicas más difíciles, a este curso le saqué poco, porque al ser su estilo Shotokan no cogía los movimientos de sus katas, y lo aprovechable fue el trabajo de kimé y la perfección de las técnicas.

Estuvimos en un seminario con Sensei Nakahashi, un Maestro extraordinario del Shito Ryu, un personaje simpático y muy buen comunicador, recuerdo una anécdota del Seminario al que asistí: Estábamos trabajando el Kata Jitte y en uno de los pasajes del kata, el cual él también lo ejecutaba al mismo tiempo que nosotros, Nakahashi se equivocó y siguió con otras técnicas que no correspondían al trabajo que estábamos haciendo, por tanto todos nos quedamos quietos y él siguió, cuando se dió cuenta de que estaba errando se sonrió y nos dijo "yo me he equivocado pero en mi libro de katas lo hago bien", nos reímos y al final del Curso algunos le compramos el libro de katas que tiene editado.

Asistí a varios entrenamientos con el Maestro Deogracias Medina, experto y serio karateca, séptimo Dan y defensor del Kárate Tradicional, pertenece al estilo Shito Ryu y es una maravilla asistir a sus cursos, entrenar y dialogar con él, contrario a la competición y a las especulaciones federativas, su trabajo se encamina a recuperar las raíces del Kárate Tradicional o sea el Kárate-Do.

En definitiva, el gimnasio Dojo Torcal desde que está constituido viene trabajando en varios apartados de las materias del Kárate-Do y disciplinas aplicadas, por tanto estamos abiertos a cualquier método o trabajo dentro de las Artes Marciales, siempre que estos tengan un rigor auténtico y estén relacionados con el Do.

Galas De Artes Marciales Y Defensa Personal Para Mujeres

Quiero hacer una mención especial sobre las Galas de Artes Marciales que hemos organizado y también a los Cursos de Defensa Personal Integral para Mujeres que venimos organizando periódicamente.

Tenemos que apuntar que para lograr llevar a buen fin estas dos galas que hemos organizado en beneficio de la Asociación de Enfermos de Fibromialgia AEFAC, nos hemos tenido que multiplicar para acudir a diferentes frentes. Conseguir fechas para este evento, conseguir el polideportivo, hacer que la Cruz Roja este presente y también la Policía, hacer camisetas para las escuelas de Artes Marciales de los participantes, conseguir algunos regalos para rifarlos, conseguir un tatami donde realizar las exhibiciones, invitar a catorce o quince escuelas de diferentes puntos de la provincia y de Antequera, buscar trofeos para los profesores de las escuelas que participaban, etc.

Gran Gala de Artes Marciales organizada por gimnasio Torcal.

Hay que señalar que en todo esto, también AEFAC la Asociación de Fibromialgia nos prestó su ayuda en todo lo que pudo, poniéndose en contacto con el Patronato de Deportes y con otras entidades, haciendo los carteles y las entradas para las galas.

Las galas de Artes Marciales de Antequera que gimnasio Torcal viene organizando son el máximo exponente de lo que son las Disciplinas de Combate, y que en estas galas se presentan varias escuelas con sus respectivos estilos y demuestran el nivel que cada uno tiene en esa disciplina deportiva o Marcial, la gente acude al polideportivo para ver una "exhibición-espectáculo" pero no se imagina la gran carga de trabajo realizado anteriormente.

Aparte de todo lo anterior expuesto tengo que añadir el trabajo que supone estar entrenando durante un gran periodo de tiempo todas las técnicas, katas, mawaris y otras partes de nuestra exhibición, porque este entrenamiento hay que realizarlo aparte de las horas habituales de clase de Kárate, por tanto requiere un gran esfuerzo de tiempo y trabajo para que estas galas salgan adelante y bien acogidas.

Alumnos de Itosukay Dojo Torcal.

Y en el apartado de los Cursos de Defensa Personal Integral para Mujeres tengo que decir que han sido todo un éxito, pues cada vez que hemos convocado estos cursos hemos tenido una gran cantidad de afluencia, llegando hasta las cien participantes.

Estos cursos los hemos programados mi hijo David y yo para dar a conocer a las féminas la disciplina de la Defensa Personal, que además de tener un capítulo físico también tiene el de perder el miedo y arraigar la autoestima y la autodefensa, dando seguridad en todos los aspectos de la vida y al de la integridad física.

Curso de Defensa Personal para Mujeres en el gimnasio Torcal.

El Primer curso se realizó en el polideportivo por la gran cantidad de participantes y los demás cursos en el gimnasio Torcal en varios fines de semana, ya que el gimnasio Torcal está más preparado que el polideportivo para estos fines.

OTRAS DISCIPLINAS DE COMBATE

Jiu Jitsu

El Jiu-Jitsu: «El arte suave» es un Arte Marcial japonés clásico que abarca una variedad amplia de sistemas de combate modernos basados en la defensa "sin armas" de uno o más agresores tanto armados como desarmados. Las técnicas básicas incluyen principalmente luxaciones articulares, y además golpes, patadas, rodillazos, esquivas, empujones, proyecciones, derribos, y estrangulamientos. Estas técnicas se originan en métodos de batalla de los bushi (guerreros japoneses clásicos), para hacer frente a otros guerreros samurai con armadura, (de ahí su énfasis en atacar con luxaciones, lanzamientos y estrangulaciones, más que fomentar el uso de golpes y patadas) estos se desarrollaron a lo largo de cerca de dos milenios.

El Jiu-Jitsu clásico además de la defensa sin armas, admite emplear otros objetos como armas defensivas u ofensivas, como pueden ser el abanico, el parasol, las cuerdas, las monedas y las armas pequeñas de corte y contundentes, como jutte o tridente, tanto, kakushi buki (armas ocultas) e incluso kusarigama, ryofundo kusari o bankokuchoki, que resultan más elaboradas.

El Jiu-Jitsu era parte de sistemas más amplios llamados bujutsu, que incluía a su vez las principales armas largas del guerrero samurái de entonces: katana o sable, tachi o sable de caballería, yari o lanza, naginata o alabarda, jo o bastón medio y bo bastón largo, entre muchísimas otras. Estos métodos de combate cuerpo a cuerpo eran parte importante de los distintos sistemas desarrollados para emplear en el campo de batalla y se pueden clasificar como katchu bujutsu o yoroi kumiuchi (combatir con o sin armas, vestido en armadura) de la era Sengoku (1467-1603) o suhada bujutsu de la era Edo (1603-1867) (combatir vistiendo a la usanza de la época, con kimono y hakama).

Estos sistemas de combates a mano limpia empezaron a conocerse como Nihon koryu jujutsu (jiu-jitsu japonés antiguo), entre otros términos, durante el período Muromachi (1333-1573), de acuerdo con los densho de varias escuelas o ryuha y a registros históricos.

Aikido

El Aikido es un Arte Marcial de origen japonés. Arte de combate que permite defenderse sin armas contra uno o varios adversarios armados o desarmados. La diferencia fundamental con otras Artes Marciales estriba en que busca disuadir al adversario y neutralizar su intención agresiva, más que derrotarle.

El practicante de Aikido utiliza técnicas de proyección y de inmovilización para desequilibrar o dominar a su adversario; puede también acompañar sus movimientos de una serie de "atemis", es decir, golpes en puntos vitales del cuerpo. Su ejercicio incluye la práctica con diversas armas. A diferencia de otras artes marciales, el Aikido excluye tajantemente toda idea de competición. A primera vista el Aikido, con sus bellos movimientos circulares podría parecer, en ocasiones, poco efectivo, sin embargo contrariamente a esa apariencia "blanda", es en realidad "duro", vigoroso y dinámico, con técnicas de probada eficacia. El Aikido está dirigido a todo el mundo, cada uno puede practicarlo a su conveniencia en función de su edad, de su sexo y de sus posibilidades físicas, a condición de estudiar y practicar con continuidad y dedicación. Constituye una perfecta escuela de aprendizaje, experimentación y desarrollo de los valores morales y físicos del individuo. En definitiva, un completo método de educación:

Física, mejora la salud mediante:

- el desarrollo armonioso de todas las partes del cuerpo
- el aumento de la elasticidad de las articulaciones
- la corrección de la columna vertebral
- el control de la respiración
- la relajación

Técnica, la ejecución de los movimientos exige:

- el estudio del desequilibrio
- el conocimiento y utilización de la energía
- el desarrollo de los reflejos

Moral, por respeto al espíritu de "no violencia" (que caracteriza al Aikido) y al Bushido (código de honor tradicional), el practicante adquiere y potencia valores como la amabilidad, la educación, la bondad, el coraje, la modestia y el autodominio.

El Aikido fue creado por un incomparable budoka, Morihei Ueshiba quien superó la desigualdad entre el fuerte y el débil y abrió el camino del desarrollo de la personalidad por el pulimento cotidiano y constante del cuerpo y del espíritu. Dominó los secretos de las escuelas japonesas tradicionales, el Jujutsu en varios de sus Ryus (Goto Yagu, Aioi, Kito, Daito), el Kenjutsu tradicional (sable), y el Sojutsu (lanza). De su síntesis extrajo los principios del budo que a partir de 1942 se denominó Aikido. Por ello la mayor parte de las técnicas de Aikido existen en efecto bajo una forma más o menos similar en una o varias escuelas de Juijutsu y un buen número de las formas de base derivan de las artes de manejar la espada, el bastón o la lanza.

Kick Boxing

El Kick Boxing es un deporte de contacto de origen japonés en el cual se mezclan las técnicas del Boxeo con las de algunas Artes Marciales como el Kárate y el Boxeo tailandés. Estando así relacionado con el antiguo arte del muay tahi, pero sin los golpes con el codo y de rodilla, que generalmente no son permitidos, siendo así similar al Boxeo tailandés moderno o thai boxing. Si bien no se le considera un Arte Marcial formativo tradicional o Gendai Budō por excelencia, sino un deporte de combate. Se considera que un luchador de Kick Boxing es una competencia reñida para los demás peleadores de lucha en pie, que prefieran otros tipos de deporte de contacto o artes marciales, por la resistencia física, contundencia, y aguante a los golpes de sus practicantes. Actualmente es uno de los sistemas preferidos y de mayor divulgación en el desarrollo de la lucha en pie, usado en las artes marciales mixtas combinadas o MMA / AMM.

Jeet Kune Do

El Jeet Kune Do, Jeet Kun do o jeet kuen do: "El camino del puño interceptor". Es un sistema de artes marciales basado en conceptos, y una filosofía de vida desarrollada por el Maestro de Artes Marciales Bruce Lee.

Creado por Bruce Lee entre los años 1960 y 1973, aunque en un principio estuvo basado en el Kung Fu/ Wu shu estilo wing chun. El Jeet Kune Do, primeramente llamado Jun-Fan Gung Fu (chino), literalmente "el Kung Fu de Bruce Lee" es un método de combate independiente, siempre en evolución.

El Jeet Kune Do, no es solo otro estilo de Wu Shu, Kung Fu Tradicional. Es según algunos, el resultado de la investigación y la "fusión" de Wing Chun, el Boxeo occidental, la esgrima occidental, tras ser analizadas, revisadas y aplicadas por Bruce Lee desde sus estudios de la fisionomía del cuerpo humano. Sin embargo, según otras personas, como Dan Inosanto (nombrado por Bruce Lee el sucesor de su estilo) el Jeet Kune do no es un estilo nuevo, o una modificación o copia de otro existente previamente, o una fusión sin estructura de otras artes marciales; sino una idea; la búsqueda y aplicación de conceptos prácticos que liberan al practicante de limitarse a sí mismo.

Bruce Lee, su creador, reflejaba dentro y fuera de cada una de sus películas su gran explosividad, y peculiar arte de combate, el Jeet Kune Do, quedando así guardadas algunos de sus gestos motrices en éstas y en su libro, en el que demostraba a través de fotografías este efectivo sistema.

El Jeet Kune Do fue criticado desde sus inicios, descrito como un Arte Marcial híbrido. Y aun fue tachado de bastardo por los Maestros orientales puristas de las Artes Marciales tradicionales chinas, coreanas y japonesas, quienes tenían el monopolio del mercado en los años 1960 en los E.E.U.U. al considerar al Jeet Kune Do como una fusión marcial influenciada por las tendencias ideológicas occidentales y por su búsqueda de la efectividad como primer punto. Sin embargo, el Jeet Kune Do fue apreciado por el gran público estadounidense, al que Bruce Lee ofrecía un Arte Marcial dedicado plenamente tanto a la defensa como al ataque. Esta adaptabilidad venía representada en las opiniones de Bruce como:

"Yo no represento un estilo, sino todos los estilos. Ustedes no saben lo que estoy a punto de hacer, pero ni yo lo sé. Mis movimientos son el resultado de sus movimientos y mi técnica, es el resultado de vuestra técnica".

Las 4 gamas alternativas del combate vienen dadas por las 4 distancias del combate sin y con armas (larga, media, corta y/o de lanzamientos, y suelo) particularmente son lo que Bruce sentía como instrumento para ser un artista marcial total y completo. Éste es también el principio más relacionado a las artes marciales mezclando diversos estilos. El JKD resalta la noción de que la mejor defensa es una buena ofensiva, por lo tanto el principio de interceptar. Bruce Lee comentaba que para que un oponente ataque a alguien primero tiene que moverse hacia la persona, esto proporciona una oportunidad de interceptar ese ataque o movimiento.

Bruce Lee pensaba que los sistemas marciales deben ser tan flexibles como sea posible. El agua es usada como analogía, pues puede describir por qué la adaptabilidad es un rasgo deseado en las Artes Marciales. El agua es infinitamente adaptable. Se puede ver a través de ella misma, pero en otras ocasiones puede oscurecer las cosas a simple vista. Puede partir y dividir, mover o chocar con cualquier cosa. Puede erosionar las rocas más duras suavemente o puede fluir más allá del guijarro más minúsculo. Bruce Lee creía que un sistema marcial debía tener estas cualidades. Los estudiantes de JKD evitan sistemas tradicionales de entrenamiento, o estilos de lucha que siguen aún la pedagogía confuciana o lineal también conocida como: "Confucian pedagogy" usada en las escuelas tradicionales del Kung-Fu, y del Kárate debido a esta carencia de adaptabilidad. El JKD se orienta para ser un grupo de conceptos dinámico que están en constante cambio, siendo así extremadamente flexible. Se anima a los estudiantes de JKD que estudien cada forma de combate posible, esto es así para ampliar sus conocimientos de otros sistemas de lucha.

Full Contact

El Full Contact, también llamado Kick Boxing Americano o Full-Contact Kárate, es un deporte de combate similar al Boxeo y otras Artes Marciales, donde los participantes además de los golpes de puño, emplean patadas y barridos propios del Taekwondo y el Kárate. La meta es la puesta fuera de combate o nocaut (K.O., knock out). Es similar al Kick Boxing, con la diferencia de que no se permite patear los muslos del oponente, de modo que todos los golpes y patadas solamente son permitidos arriba de la cintura.

Actualmente es un deporte de combate de difusión mundial, que cubre todas las categorías. Sin embargo, su práctica como disciplina individual está decayendo rápidamente debido al auge del Kick Boxing y de las artes marciales mixtas, al punto que en algunos casos ha sido incluido dentro de las modalidades de competencia de varias federaciones, asociaciones y organizaciones de Kick Boxing.

El Full Contact es un deporte derivado de las Artes Marciales Tradicionales como el Kárate y deportes de combate como el Taekwondo, al que se le han adicionado los movimientos y golpes del Boxeo, en el cual se busca el espectáculo puramente deportivo, y verificar la efectividad real de las técnicas contra un oponente entrenado. Las características de esta modalidad deportiva son la continuidad en la ejecutoria, la variedad, y la libertad en el desarrollo de las técnicas y sobre todo; el respeto a la integridad física del deportista. Desde el punto de vista del pateo, el Full Contact refleja las técnicas penetrantes del Kárate, y en menor medida, el pateo percutante del

Taekwondo. La diferencia radica en el uso de las distancias largas, mientras que en el Full Contact las técnicas y la táctica se desarrollan desde una posición más corta y más próxima al oponente. Por ejemplo, las patadas con giro circular y la patada de empuje, son propias del taekwondo, mientras que las circulares y laterales provienen del Kárate, siendo muy utilizadas en el Full Contact. También algunas combinaciones de pasos tienen cierta similitud con los empleados en el Taekwondo. Asimismo los barridos son derivados del Kárate. Por otro lado, las técnicas de puño y de bloqueo, derivan en su mayoría del Boxeo y de algunas técnicas del Kárate.

Kung-Fu (Wushu)

Kung Fu es un término que se usa en occidente para referirse a las artes marciale de china o Boxeo chino. El Kung Fu es una técnica de lucha que se usa para defenderse y atacar al oponente. El significado del término es "técnica o habilidad", por lo que en el idioma chino se utiliza para las más variopintas actividades y no solo para las artes marciales. El término utilizado en China para los estilos de lucha es Wushu (chino tradicional), Artes Militares o Marciales, en Taiwán se conoce como Kuoshu (guoshu).

La palabra Kung Fu tiene dos formas de escribirse aunque la pronunciación es la misma (literalmente: gōng "trabajo" y fu "hombre"), se define como una habilidad adquirida a través del tiempo, con constancia, disciplina y esfuerzo. Por este motivo no es exclusivo de las artes marciales, sino de cualquier actividad que se realice procurando hacerla de la mejor manera posible. Sin embargo se asoció con las artes marciales chinas por los primeros contactos que tuvo con los occidentales, quienes lo tradujeron como trabajo continuo o esfuerzo meritorio.

Los profanos a menudo confunden el Wu Shu / Kung Fu con el Kárate y otras artes marciales, aunque es cierto que sus similitudes se deben a que la mayoría de artes marciales conocidas recibieron influencias del Wu Shu.

Boxeo

El Boxeo (del inglés Boxing), también llamado a veces Boxeo Inglés o Boxeo Irlandés, y coloquialmente conocido como box, es un deporte de combate en el que dos contrincantes luchan utilizando únicamente sus puños con guantes, golpeando a su adversario de la cintura hacia arriba, dentro de un cuadrilátero especialmente diseñado a tal fin, en breves secuencias de lucha denominadas asaltos o rounds y de acuerdo a un preciso reglamento, el cual regula categorías de pesos y duración del encuentro, entre otros aspectos.

De un modo más general, Boxeo o pugilismo se refiere a un amplio género de deportes de combate en las que dos adversarios se enfrentan en lucha utilizando los puños, de manera exclusiva o no, diferenciándose según sus reglas diferentes deportes como el ya mencionado Boxeo inglés o Boxeo propiamente dicho, el Boxeo Francés o Favate, el Boxeo Chino o Boxeo Shaolín, el Kick Boxing o Boxeo Japonés, el Muay Thai o Boxeo tailandés, etc.

La primera codificación de las normas que regulan los encuentros de Boxeo se remonta a 1743, mientras que las reglas todavía vigentes fueron establecidas en 1889 por el Marqués de Queensberry, quien entre otras cosas introdujo el uso de los guantes.

Tradicionalmente ha sido considerado como una práctica deportiva exclusivamente masculina, afectada legal y culturalmente por prejuicios de género. El reconocimiento de los derechos de las mujeres y los avances en la lucha contra la discriminación, han permitido que en las últimas décadas se registrara un auge del Boxeo femenino, por lo que los Juegos Panamericanos de 2011 y los Juegos Olímpicos de Verano de 2012 incluyeron el Boxeo femenino en varias categorías.

Krav-Maga

Krav Magá que en hebreo significa «combate de contacto» (de Krav "combate" y Magá "contacto"), es el sistema oficial de lucha y defensa personal usado por las fuerzas de defensa y seguridad israelíes, conocido en sus comienzos como Krav.

Esta forma de combate cuerpo a cuerpo incluye métodos de defensa contra uno o varios atacantes, en respuesta a una amplia y variada gama de agresiones. Abarca tanto agresiones sin armas (golpes, patadas, agarre y estrangulamiento) como con armas blancas (cuchillos, navajas, machetes, hachas) y contundentes (porras, bastones policiales, palos, botellas, piedras). También comprende técnicas de desarme y defensa contra portadores de armas de fuego de diversos tipos (cortas, largas, militares y civiles).

En el Krav Magá se utilizan todo tipo de técnicas a manos vacías (puñetazos, golpes a mano abierta, codazos, rodillazos, pisotones, patadas bajas y altas, mordiscos, cabezazos, luxaciones, barridos, lanzamientos y estrangulaciones), así como técnicas avanzadas con armas simples.

Kempo Kárate

El American Kempo Kárate es un Arte Marcial y sistema de autodefensa moderno creado por el Maestro Edmund Parker (Ed Parker) en Honolulu, Hawai, Estados Unidos. Durante los años 50. Parker estudió las Artes Marciales japonesas del Kárate, el Judo, y el Jujutsu tradicional además del Kung Fu dándose cuenta de que los diferentes movimientos están basados en principios y conceptos comunes de defensa y ataque; y que los fundamentos de las diferentes artes marciales, estaban pensados desde hace cientos de años, siendo poco práctica continuar enseñado movimientos obsoletos para la sociedad actual.

Es importante notar que la palabra Kempo, es la pronunciación en japonés de los caracteres chinos de la expresión "Chuan Fa" o "ley del puño". Y la palabra Kárate, proviene del japonés para la expresión mano vacía. Sin embargo el Maestro Parker abandonó la terminología en chino y japonés, estableciendo una más comprensible a la mentalidad occidental.

Taekwondo

Sin menospreciarlo lo más mínimo, no lo considero un Arte Marcial pues se ha convertido en un deporte de combate de exhibición desde que pasó a ser deporte olímpico de combate desde el año 1988, cuando fue introducido como deporte de demostración en los Juegos Olímpicos realizados en la ciudad de Seul en Corea del Sur, pasando a ser deporte olímpico en los Juegos Olímpicos de Sydney en el año 2000. El Taekwondo se destaca por la variedad y espectacularidad de sus técnicas de patadas y, actualmente, es uno de los deportes de combate más conocidos.

El Taekwondo se basa fundamentalmente en Artes Marciales mucho más antiguas como el Taekkyon coreano en la forma y realización de los golpes con el pie, y en el Kárate-Do japonés (estilos Shūdōkan y Shotokan), de donde obtiene los golpes con el puño, varios de los golpes a mano abierta, la planimetría (o división por zonas del cuerpo humano por zonas: alta- media- baja), los bloqueos, las posiciones, el sistema de grados por cinturones, su primer uniforme, y sus primeras formas conocidas.

Los beneficios de ser practicante de Taekwondo son innumerables. Muchos estudios han revelado que las personas que se ejercitan tienen menos riesgos de obesidad, enfermedades crónicas, drogadicción, entre otras condiciones que afectan la salud física, mental y emocional. Investigaciones han sido realizadas y muestran que este Arte Marcial coreano ayuda a mejorar la coordinación los reflejos del ser humano, disminuyendo su tiempo de reacción. Un estudio realizado con personas mayores de cuarenta años mostró que las artes marciales mejoran el balance y el tiempo de reacción de las personas. Por tal razón se puede concluir que el Taekwondo no es simplemente un pasatiempo que otorga relajación y condición física, sino que ayuda a optimizar el tiempo de reacción ante una amenaza o situación adversa.

Las cintas y significados de ellas son:

Blanca: Pureza. Amarilla: La tierra y la semilla que germinará con el tiempo. Verde: La planta que pronto crecerá. Azul: El árbol verde que quiere alcanzar el azul del cielo. Roja: El árbol que comienza a florecer. Negra: La perfección.

Kendo

El Kendo es un Gendai Budō, o Arte Marcial japonés moderno formativo que destaca por el uso y manejo del sable de bambu o shinai. El nombre significa "camino del sable" y proviene de los ideogramas 剣 ken: sable / espada y 道 dō: camino, sendero, vía.

El Kendo es considerado el heredero directo de varias de las escuelas de esgrima japonesa clásica conocidas como Ryu, siendo influido especialmente por la escuela Itto Ryu; en estas escuelas se entrenaban los legendarios guerreros medievales japoneses o samurai en el arte clásico de la esgrima con sable o kenjutsu.

En el Kendo se enfrenta al oponente portando una armadura (bōgu y un sable de bambú o (shinai); asimismo como en todo Arte Marcial tradicional hay formas preestablecidas o kata, las cuales son ejecutadas en parejas y con sables de madera o (bokuto).

En algunas ocasiones como en exhibiciones, las kata se ejecutan con el sable japonés real o (katana).

Es el Arte Marcial que más ha influido, junto con el Judo, al desarrollo metodológico y en su terminología, a las artes marciales japonesas modernas desarrolladas en el siglo XX.

Judo

El Judo (del, jūdō, pronunciado en español) es un Arte Marcial de combate de origen japonés.

El término japonés puede traducirse como «el camino suave». Este Arte Marcial fue creado por el Maestro Jigorō Kano en 1882. El Maestro Kano recopiló la esencia técnica y táctica de dos de las antiguas escuelas clásicas de combate cuerpo a cuerpo japonés o jujitsu, estas fueron la Tenjin Shin'yō-ryū, y la Kitō-ryū, que se basaban en la lucha cuerpo a cuerpo y que eran practicadas por los guerreros medievales en armadura o samurái en el campo de batalla, hasta el inicio del siglo XIX en Japón. Logrando reunirlas en una sola; el Judo; dentro de su escuela, el Kodokan.

El Judo es uno de los cuatro estilos principales de lucha deportiva más practicados hoy en día en todo el mundo. A partir del Judo Kodokan se han derivado las actuales formas de Jujutsu europeo, Ju Jitsu americano, JiuJjitsu brasileño, Sambo ruso, Nihon Tai Jutsu y Krav Magá. Esto se debe a que expertos en judo formados en Japón o sus discípulos a lo ancho del mundo han tenido fundamental aporte para la formación de estas otras formas. Los practicantes de este arte son denominados «judocas» o «judokas».

La Unesco declaró el Judo como el mejor deporte inicial formativo para niños y jóvenes de 4 a 21 años, ya que permite una educación física integral, potenciando, por medio del conocimiento de este deporte, todas sus posibilidades psicomotrices (ubicación espacial, perspectiva, ambidextrismo, lateralidad, lanzar, tirar, empujar, arrastrarse, saltar, rodar, caer, coordinación conjunta e independiente de ambas manos y pies, etc.) y de relación con las demás personas, haciendo uso del juego y la lucha como elemento integrador-dinamizador e introduciendo la iniciación técnico-táctico-deportiva de forma adaptada; además de buscar un acondicionamiento físico general, idóneo.

Asimismo, el COI (Comité Olímpico Internacional) lo considera el deporte más completo y que promueve valores como la amistad, la participación, el respeto y el esfuerzo por mejorar, a similitud de la natación y la gimnasia artística.

Actualmente el Judo, en su forma deportiva se ha especializado en los lanzamientos, con algunas pocas sumisiones, luxaciones y estrangulaciones. No obstante, en su práctica integral no ha dejado de lado la enseñanza de los golpes, los desarmes, varias luxaciones articulares, el uso de los puntos de presión y los métodos de reanimación, lo que aún lo hace muy apropiado para el uso por fuerzas de seguridad, cascos azules, policías, militares, paramédicos, etc.

EXÁMENES GIMNASIO TORCAL

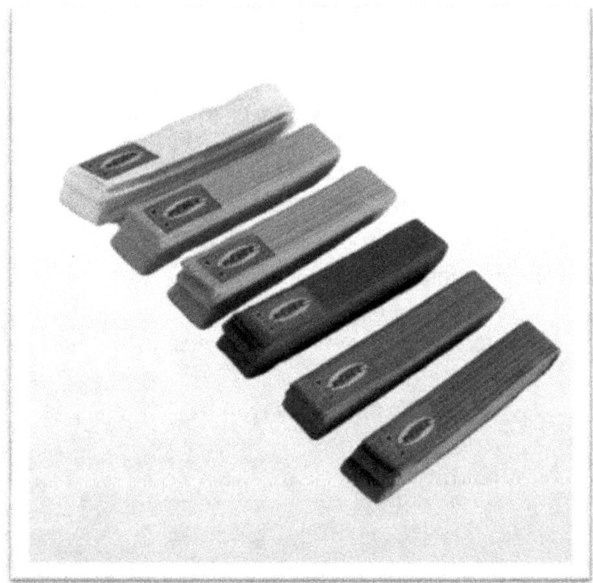

Prueba de exámenes que exijo a mis alumnos para paso de grados en el Dojo Torcal.

Cinturón Amarillo

- Cuatro Posiciones   (Dachi)
- Cuatro Defensas   (Uke)
- Cuatro Ataques De Puños   (Tsuki)
- Cuatro Patadas   (Keris)

- Todas las técnicas, el alumno las irá pronunciando con sus respectivos nombres en japonés

- Kihones del 1 al 6

- Katas: Pinan Nidan y Sandan

- Trabajo de las técnicas anteriores sobre el terreno, sin avanzar

- Trabajo de las técnicas anteriores, avanzando

- Un combate de ju Kumite

Cinturón Naranja

- Cinco posiciones   (Dachi)
- Cinco defensas   (Uke)
- Cinco ataques de puño   (Tsuki)
- Cinco ataques de pierna   (Keri)

- Kihones del 1 al 10

- Katas: Nidan, Sandan, Shodan, Yodan, Godan

- Trabajo de las técnicas anteriores sobre el terreno, sin avanzar

- Trabajo de las técnicas anteriores, avanzando

- Dos combates de ju Kumite

Cinturón Verde

- Seis posiciones   (Dachi)
- Seis defensas   (Uke)
- Seis ataques de puño   (Tsuki)
- Seis patadas   (Keri)

- Avanzando y retrocediendo desarrollo de las técnicas presentadas anteriormente

- Un renzoku waza empleando técnicas anteriormente expuestas

- Kihones del 1 al 14

- Katas: las cinco Pinan y dos superiores

- Dos combates de ju Kumite

Cinturón Azul

- Siete defensas (Uke)
- Ocho ataques tsuki-uchi (Directos-indirectos)
- Siete patadas (Keri)

- Kihones del 1 al 18

- Katas: las cinco Pinan y tres superiores

- Dos renzoku waza, con defensa, ataque de puño o mano y patada, se puede cambiar el orden; pero la defensa debe ir en primer lugar

- Avances y retrocesos de las anteriores técnicas en diferentes posiciones

- Tres ju Kumite de dos minutos cada uno

Cinturón Marrón

- Siete defensas   (Uke)
- Diez técnicas tsuki-uchi combinadas
- Siete patadas   (Keri)

- Kihones del 1 al 20
- Katas: los cinco Pinan y cinco superiores
- Tres renzoku waza
- Tres ju Kumite, de tres minutos cada uno
- Un sambon Kumite, con defensas a tres niveles
- Un bunkai de una linea de cualquier pinan
- Tres oyo waza con ataques de diferentes angulos

Cinturón Negro

En principio, la Asociación Mundial Nippón Kárate-Do Itosu-Kai, con sede en Yokohama, Japón, a la cual pertenece nuestro Hombu Dojo Torcal, y siendo los representantes en España de dicha asociación, esta nos permite realizar los exámenes idénticos a los que exige la Federación Española de Kárate, y hasta el momento seguimos esta pauta, no obstante, en cualquier momento podríamos cambiar este proceder organizando y estructurando nuestros propios exámenes de cinturones negros y danes, ya que la Federación Española de Kárate y en especial la Federación Andaluza y la Delegación Malagueña de Kárate, siguen una línea de actuación totalmente contraria al espíritu de nuestro Kárate del que yo y mis alumnos profesamos, dedicándose enteramente al Kárate deportivo de competición y totalmente alejada del verdadero Kárate-Do enfocando los objetivos en conseguir muchas licencias, exámenes, competiciones a todos los niveles, cursos de jueces, árbitros, entrenadores, etc., que en definitiva son las actividades que dan dinero, y en poder lucrarse de ello.

KOBUDO DE OKINAWA

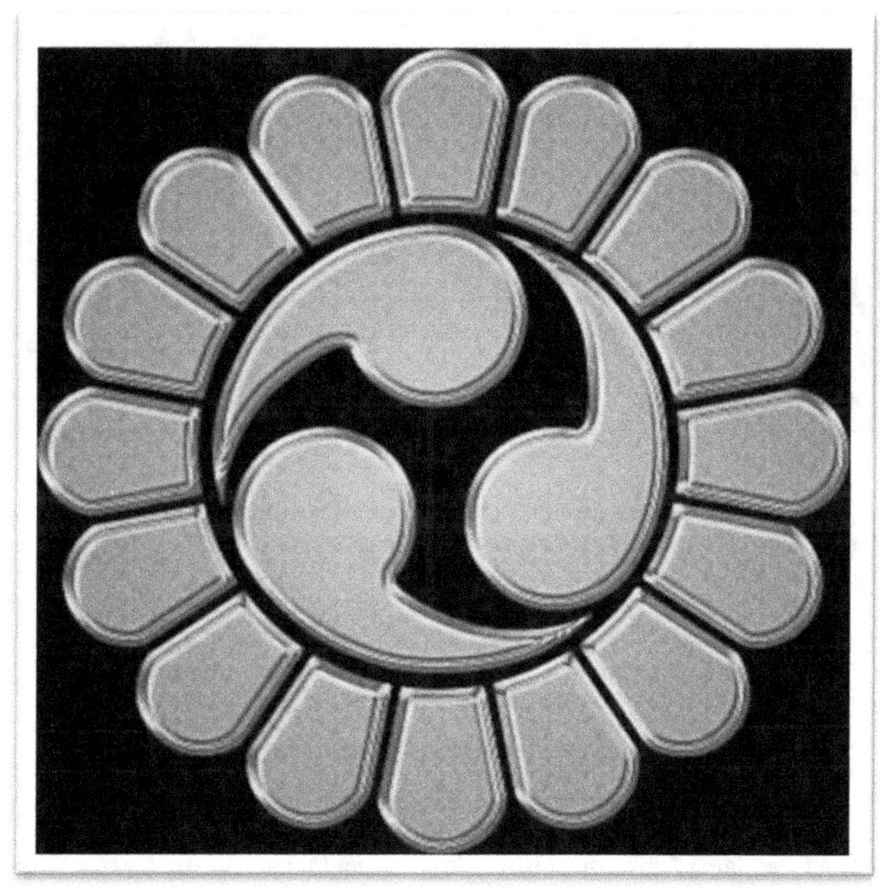

Un Corto Pasaje Por El Kobudo

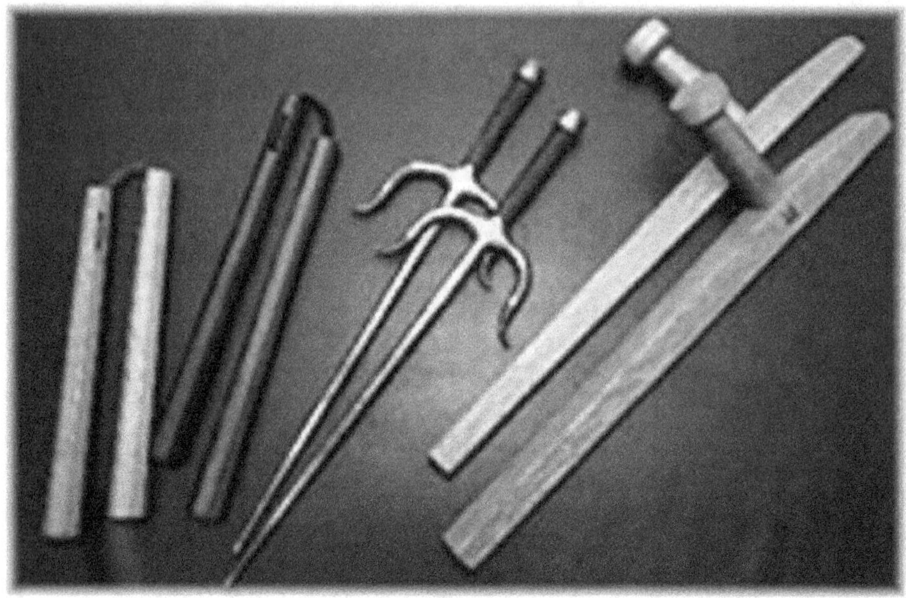

Kobudo, conocido como "el Arte Marcial Ancestral", es una terminología japonesa y hace referencia a un Arte Guerrero de procedencia ryukuense que hace un estudio sobre el uso de armas blancas tradicionales ya sean de madera o de metal.

Antiguamente se le conocía como Ryukyu Kobujutsu, aunque ahora el término que se utiliza es Kobudo (Ko de viejo o antiguo, Bu de arma o guerrero y Do sendero o camino espiritual). El camino antiguo de las armas o del guerrero.

En Japón este término se utiliza para nombrar a cualquier Arte Marcial tradicional (por ejemplo, la Escuela Tenshin Shoden Katori Shinto-Ryu donde se practican varias de las armas tradicionales y clásicas), pero fuera de Japón por lo general se refiere al uso de varias armas antiguas provenientes de la isla de Okinawa, Arte Marcial que se practicaba junto al Kárate Tradicional (Tote o "mano china", llamado también mano de Okinawa, Ti, Tode, Tuidi, o Tegumi) en sus dos principales variantes (Shuri-Te y Naha Te), de las cuales parten los principales estilos de Kárate conocidos en la actualidad). En algunas escuelas de distintos estilos de Kárate, el Kobudo sigue estando incluido en los programas de entrenamientos, mientras que en general hoy en día se instruye el Kárate y el Kobudo por separado.

El Kobudo de Okinawa: la Guerra Civil de Japón en los años 1609 recompensó políticamente al bando perdedor, dando la conquista de Okinawa y el control sobre la dinastía okinawense Sho al clan samurái Satsuma, quienes invadieron finalmente la isla de Okinawa mediante el uso de destacamentos equipados con armas de fuego suministradas por los portugueses. Marcó una fecha de singular importancia para la isla de Okinawa, dado que señala el final de la isla como estado independiente y el comienzo del control absoluto de las fuerzas del clan japonés Satsuma y también a la familia Shimazu, sobre todas las islas Ryukyu.

Entrenamiento de Bo.

El líder del clan Satsuma, Yoshihisa Shimazu, declaró gran cantidad de nuevas disposiciones para los habitantes de las islas, entre ellas la prohibición absoluta de posesión y uso de toda clase de armas. El único poder que toleró fue una autoridad policial y un destacamento de guardias y guardaespaldas formado por los guerreros nobles o Pechin, al servicio del depuesto Rey Sho Tai, aunque ya anteriormente otros reyes de Okinawa habían emitido leyes contra el porte de armas, pero menos estrictas, debido a que la isla era considerada un puerto libre, donde confluían gentes de nacionalidades variadas: chinos, coreanos, japoneses, filipinos, y hasta estadounidenses balleneros. Los habitantes de Okinawa, por lo menos los pertenecientes al pueblo llano no podían tener consigo o en sus hogares ningún utensilio que pudiera ser utilizado como arma.

En la plaza principal de cada villa se colocaba un cuchillo que se suponía que era el único existente. El citado cuchillo debía cubrir todas las necesidades domésticas de la comunidad. Los nobles o Pechin, con conocimientos de las Artes Marciales chinas y el Kenjutsu o esgrima japonesa, y los aldeanos de Okinawa, movidos por el odio hacia los samuráis invasores, desarrollaron armas para resistir a los intrusos basándose en los simples utensilios de la vida cotidiana, como las herramientas agrícolas y de pesca.

Hasta principios del siglo XX el Kobudo no era considerado en la isla un Arte Marcial organizado, cada instrumento o herramienta se practicaba en secreto por distintas familias y villas, algunas eran expertas en Bo (bastón largo), otros en el Eku (remo), Kama (hoz), o con el Timbei (escudo de caparazón de tortuga) y el Rochin (machete), entre otras. Cada uno guardaba celosamente sus kata. Con el paso del tiempo algunos nobles o Pechin y Maestros (bushi) tomaron la iniciativa de juntar todos los conocimientos de las armas de Okinawa de forma metódica y organizada.

Al mismo tiempo, el Maestro Shinko Matayoshi del estilo Shorin Ryu de Kárate se interesó por el arte de las armas tradicionales, conocido hasta entonces como kobujutsu. Como inspector minero tuvo la ocasión de visitar las ciudades chinas de Shanghai, Annan, Manchuria y Sakkalin, y de estudiar así las Artes marciales chinas. Por esa misma razón desarrolló el estilo de Kobujutsu, contrariamente a Moden Yabiku, no enseñó su arte al público, sino que lo transmitió solo a su hijo, Shinko

Entrenamiento de Kobudo.

Matayoshi. En Okinawa, Shinko era bastante conocido y respetado como experto del Kobujutsu, siendo su arma preferida el Kama (hoces cortas), por lo que se le conocía también por el apodo de Kama no tee (Matayoshi, experto en Kama).

Actualmente existen numerosas organizaciones de Kobudo en Okinawa y la mayoría son solo ramas de las dos escuelas principales. Una de ellas es el estilo de Matayoshi del Kobudo practicado por Zen Okinawa Kobudo Renmei (toda la Federación de Okinawa Kobudo) y la otra es la Ryukyu Kobujutsu Kenkyu Kai, creada por Modem Yabiku.

Marcialidad en las Artes Marciales.

Fuera de Japón el término Kobudo se utiliza generalmente para nombrar al Kobudo de Okinawa. Este Arte Marcial se centra en el uso de diversas armas tradicionales, entre las que destacan el rokushakubó (vara de 183cm conocida comúnmente como Bó), el Sai (daga corta sin filo), el Tonga, también Tonfa (porra con mango), el Kama (hoz japonesa), y el Nunchaku (dos secciones de madera de aproximadamente 30cm unidas por una cuerda o cadena). Otras armas de Okinawa menos conocidas son el Tekko (puño de hierro o nudillos de acero), Tinbei y Rochin (escudo y lanza y machete, Suruchin (cadena con peso), Jö (vara corta o bastón), el Eku (remo tradicional),el Sansetsukon (similar al Nunchaku pero con tres segmentos de 60 cm cada uno), el Kuwa (azadón), el Nunti (Sai con una de las guardas hacia abajo), o el Nunti Bo (Bo con un Nunti en uno de los extremos). Sin embargo está extendida la idea errónea de que el Kobudo se reduce al Bó, Sai, Tonfa, y Nunchaku.

Es importante anotar que existen dojos donde se instruye en el Arte Marcial sin armas del Kárate en sus varios estilos, tanto okinawenses como japoneses, que dan clases orientadas al uso de las armas tradicionales, como complemento a la práctica marcial y parte de su currículo y sistema de grados.

Independientemente del estilo practicado, el Kobudo sufre actualmente de una diferenciación entre dos tipos de práctica de un modo similar a lo que sucede en Kárate, grosso modo: una mayoritaria que corresponde con la vertiente deportiva donde el objetivo es la mejora física del practicante, la optimización del rendimiento basado en unos estándares de estética, precisión y fuerza que puedan ser evaluados en competiciones y bajo criterios homologados de puntuación, y otra minoritaria que corresponde a la vertiente tradicional y por lo tanto siguiendo la filosofía del Do y donde se interpreta como un Arte Marcial y cada elemento se enfoca a tener una aplicación real y eficaz de autodefensa ante una posible confrontación o agresión real, o sea el verdadero Do.

Trabajo de Kobudo, paralelo al Kárate.

El Arte del Kobudo o Kobujutsu, designa el manejo de armas, pero se distingue de las Artes Marciales más clásicas al no utilizar ningún arma convencional, como la katana, la espada, la lanza, o el arco. En los orígenes de esta práctica se encuentran los aldeanos de Okinawa, que en una época de dominación feudal tenían prohibido el manejo de armamento convencional y que llegado el momento de defenderse contra oponentes armados, tenían como opciones usar las manos desnudas (de aquí proviene el origen del Kárate), o adaptar cualquier instrumento de uso diario o herramienta del campo agrícola y hacerla servir como arma.

KATAS ITOSU-KAI

Características de los katas más significativos del estilo Itosu-Kai:

- Bassai dai
- Chinte
- Gojushiho
- Jitte
- Jiin
- Jion
- Kusanku Dai
- Kururunfa
- Matsumura No Rohai
- Matsumura Bassai
- Matsumura Wanshu   (EMPI)
- Naifanchin Shodan
- Niseishi
- Saifa
- Sanchin No Kata
- Sansero
- Seienchin
- Seipai
- Seisan
- Sochin
- Suparimpei
- Unsu
- Wankan   (Matsukade)
- Shiokusanku

Bassai Dai, estilo y rama Shuri-Te, su creador fue Yasutsune Ankoh Itosu basándose en los trabajos de Kosanku Matsumura. Itosu fue alumno de Sokon Matsumura y este no quiso enseñarle este kata que en principio se llamaba Passai, porque consideraba que Itosu era algo tosco, Itosu entonces construye su propio Kata Passai, recopilando diferentes trabajos de Shuri. Significado "romper o asaltar la fortaleza". Este kata se conserva igual a como Itosu lo creó. Se dice que enseña a pasar de una posición de desventaja a una de ventaja. Contiene gran número de bloqueos y un amplio trabajo de posiciones y combinaciones muy representativas.

バッサイ・大（抜砦）

BASSAI DAI

Chinte, escuela y rama Suri-Te. De origen chino y adaptada por el Sensei Ankoh Itosu. Significa "manos fuertes" o "manos invencibles". Este kata en su conjunto tiene unas secuencias de movimientos que comienzan con tranquilidad, llegando a ser rápidos y potentes. Se caracteriza por la abundancia de técnicas circulares basadas en la articulación del hombro, ideales para distancias medias y largas, incluye técnicas de mano, defensa y ataque de Nihon Nukite y una sola patada. Peculiares son las defensas en Otoshi Nakadaka Ippon Ken.

チンテー

CHINTE

Gojushiho, este kata proviene del Maestro Matsumura y de un antiguo kata de "Bushu" de la ciudad de Shuri y representa un kata de un alto nivel en la rama de la Escuela de Itosu-ha. Este kata se caracteriza por los numerosos movimientos de Haishu Uke y la continuidad de Nukite, Shuto, Haito, Kakete, en definitiva gran variedad de técnicas de Te-Waza y Kaishu Waza. Por tanto el resultado es la armonización y el alto nivel técnico de este kata. Significado: "54 pasos" o "el Fénix". Algunos Maestros antiguos creen que este kata representa a un hombre ebrio.

ゴ ジュ シ ホ ウ

GOJUSHIHO

Jitte, (trilogía de los Katas Jitte, Jiin, Jion, puesto que se consideran hermanas). Estilo y rama Shuri-Te y su fundador el Maestro Ankoh Itosu. Significa "diez manos". Kanazawa lo traduce como "diez técnicas". Algunos defienden la teoría de que las técnicas del kata revelan el uso del arma llamada Jitte, mientras que otros asemejan las técnicas del Yama-Kamae con la forma del Sai. Como su nombre indica se caracteriza por el trabajo de manos abiertas y los desplazamientos laterales. Este es un kata más bien corta pero de gran dificultad por la posición baja del Shiko Dachi.

ジッテ（術手）

JITTE

Jiin, estilo y rama Shuri-Te, se le atribuye al Maestro Ankoh Itosu. Significado: "amor y sombra", o "patio del templo". Características: tiene técnicas comunes con Jion y Jitte. Al igual que estos utiliza la palma de la mano en Sukui-Uke o Teisho, ya sea para defender o golpear. Las series continuas de defensa y ataque dan idea de Yakusoku-Kumite, ataques, contraataques y réplicas. Las series de los Yoko-Zukis o Yoko-Barais sugieren la idea de esquivar y defender el primero y de contraataque el segundo y tercero.

ジイン（慈允）

JIIN

Jion, su procedencia y rama es el Tomari-Te y de origen chino, pero fue introducido en el Shuri-Te por Sokon Matsumura y Yasutsume Itosu. Significado: nombre antiguo Templo Budista de Jion, cuyo nombre significa en japonés amor y bondad. Características: desarrollo de la fuerza y la estabilidad, trabajo de diferentes combinaciones y técnicas a un solo paso. Otros conceptos: defender los Mae-Geri y desequilibrar, esquivar, atraer y golpear al mismo tiempo, o sea un amplio abanico de técnicas profundas y potentes.

ジオン（慈音）

JION

Kusanku Dai, rama y estilo Shuri-Te. Fue traida desde China a Japón con el nombre de Kusanku, nombre chino de la dinastía Shin de China en los años 1762, y el Maestro Sensei Ankoh Itosu desarrolló este kata llamado Kusanku, y de ésta creó los Katas Kusanku Sho y Shihokusanku. Las 5 Pinan creadas por el Maestro Itosu fueron basadas y estructuradas en el Kata Kusanku. Este kata es muy popular en el estilo Itosu-Kaipor la especial característica en la diversidad de movimientos y técnicas. También se le atribuye a un diplomático chino Kun Siang Cheng, quien importó éste desde China a Okinawa. La palabra Kanku consta de dos caracteres "Kan" que significa ver, mirar y el segundo "Ku" que significa aire, cielo, vacío, por lo tanto el kata se le conoce como "mirada al cielo".

Otros conceptos: Luxación de brazo, esquiva, anticipación, ataque a puntos vulnerables, ataque en salto, barrido ante ataque de de pierna (Furisté) y otros. Kata de gran dureza en su realización.

クーサンクー・大（公相君）

KANKU DAI

Kururunfa, es otro kata de origen chino con técnicas muy avanzadas. Es del estilo y rama Naha-Te y su creador el Sensei Higaonna. Destacan principalmente la realización del Tai-Sabaki (desplazamientos Tai-Sabakis y esquivas circulares de caderas), y movimientos muy rápidos. Contiene una serie de técnicas de Te-Waza y una especial coordinación. Kururunfa tiene movimientos suaves alternándose con movimientos muy duros. Significa "manteniendo el terreno" o "protegiendo su terreno". Contiene también técnicas de luxación y escape. Este kata es muy versátil y de difícil realización. Otra particularidad es el Kamae o defensa del Black Tigre Kamae.

久留頓破

Kururunfa

Matsumura No Rohai, escuela y rama Tomari-Te, su creador fue el Maestro Sokon Matsumura. Significa espejo brillante o garza blanca. El movimiento más característico de este kata es el inicial, en que desde el Kamae de principio se elevan las manos a la altura de los hombros y se mira en ellas como en un espejo. Otras de las características es la posición de la garza o grulla (Sagiashi-Dachi) con técnicas de agarre y derribo. En otros estilos, a este kata se le denomina Meikyo.

松 茂 良 の ロ ー ハ イ

ROHAI

Matsumura Bassai, estilo y rama Shuri-Te. Significa "romper la fortaleza". Su creador Ankoh Itosu. La principal característica de este kata son las técnicas de Yodan Age Uke, Osae Otoshi, Ura Uke, Sho Lentos, o sea, técnicas diferentes a Bassai Dai. Kata de nivel muy superior, con técnicas y encadenamientos de difícil realización. La diversidad de técnicas y posiciones hacen de este kata una de las más interesantes del Itosu-Kai.

抜砦

MATSUMURA BASSAI

Matsumura Wanshu (Empi), escuela y rama de Tomari-Te. Nombre chino. Su creador Sensei Matsumura Kosaku de la región de Tomari. Significa"el vuelo de la golondrina". Son significativos los bloqueos en Harai Uke, las posiciones en Kosha Dachi seguidas de Neko Ashi Dachi, los Shotei dobles y los Age Zukis. Encadenamientos muy rápidos con técnicas cortas. Singular salida con su primer movimiento y técnica. "El vuelo de la golondrina", es debido al espíritu inquieto e imprevisible de sus movimientos, con agarres y entradas veloces. Igualmente los cambios bruscos de dirección asemejan el volar de las golondrinas. Su característica principal es la velocidad y la audacia. Este kata requiere gran agilidad y fortaleza en las piernas. Su práctica perfecciona la habilidad y el equilibrio.

Matsumura Wanshu

Naifanchin Shodan (Tekki Shodan), estilo y rama Shuri-Te, su creador Ankoh Itosu. Significa "combatiendo de costado". La trilogía de estos katas tienen las características de que su embusen es todo un trabajo de desplazamiento lateral de derecha e izquierda. Se necesita un fuerte centro de gravedad para mantener la estabilidad en la posición Naifanchin, similar a Kiba-Dachi. Es de vital importancia la correcta práctica de estos movimientos. Lás técnicas de Ashi Barai, Morote Ude Uke y Morote Soto Uke, son la base técnica de este kata.

Esta trilogía de los katas Naifanchin se cree fueron creadas por Sensei Itosu antes que los Pinan no Katas.

ナイファンチン・初段（内歩進）

NAIFANCHIN

Niseishi, estilo y rama Tomari-Te. De orígen desconocido, su enseñanza fue a través del Maestro Aragaki Sensei. Significa "24 pasos". Este kata presenta alternancia de ritmos y características propias de los Katas de Tomari-Te, como el Shuto Uke con el Hikité en el costado con puño armado, y no la mano abierta a la altura del plexo solar. Las técnicas más significativas son las llamadas de atención a la cara con las dos manos superpuestas y el agarre inmediato a la parte inferior de la pierna, para derribar al oponente y golpear en Nakadaka Ken. Un kata rápido y potente en que en la mayoría de sus fases se trabaja el combate en corto.

ニ ー セ ー シ

NISHEISHI

Saifa, escuela y rama Naha-Te, su creador Sensei Higaonna. Significa "el Punto de la Ruptura Final". Es un kata relativamente corto, actualmente se considera que fue creado y desarrollado por Chojun Miyagui. Este kata pone especial énfasis en las técnicas de golpeo y liberación a los costados del cuerpo, con una gran cantidad de movimientos circulares de defensa y contraataques, para efectuarlos correctamente hay que estar con el cuerpo relajado y la posición muy estable y enraizada al suelo.

砦 破

SAIFA

Sanchin No Kata, significa "tres batallas", está basada en la fundación Higaonna Kei y sus técnicas son preparatorias para el endurecimiento y fuerza de la musculatura, con técnicas de concentración muscular y reparto de la fuerza por toda la anatomía. Este kata procede de la Escuela Naha-Te y su trabajo es lento, concentrado y con una gran respiración Ibuki (respiración abdominal), la posición Sanchin durante todo el kata es un trabajo de entrenamiento vital para esta posición. Las técnicas a destacar son el Horan Kamae y el Tomoe Uke, con la solidez del tren inferior.

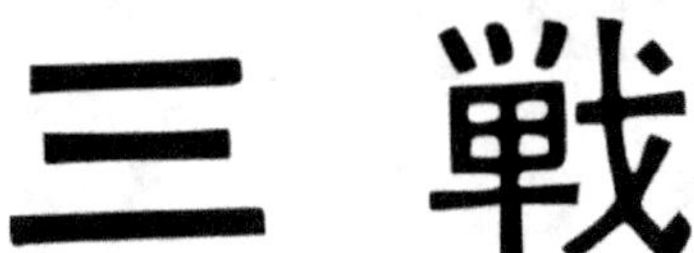

SANCHIN

Sansero, escuela y rama Naha-Te. La introdujo en Japón (en Okinawa) procedente de China el Maestro Higaonna. Significa "treinta y seis manos" o "treinta y seis pasos" o "kata del dragón", como también se le conoce, y se centra en el concepto budista que duplica la agudeza de los sentidos y la intuición. Es un kata de velocidad y potencia que guarda similitudes con Shisochin en cuanto a la forma de abordar los desplazamientos y las técnicas de ataque. El comienzo es idéntico o similar a otros katas de la rama Naha-Te (posiciones Sanchin Dachi con doble Yoko Uke en concentración). Técnicas de Te Waza y patadas bajas cortantes (Kansas Geri) para romper las defensas del oponente. Un kata no muy larga, pero de gran dificultad y técnicas complicadas.

Sansero

Seienchin, estilo y rama Naha-Te. Kata de origen chino y el Maestro Higaonna lo introdujo en Okinawa. Este kata pone énfasis en el asentamiento y la potencia del tren inferior. Es un kata que prepara para el combate a la corta distancia, con cambios de altura en las posiciones, que permiten entrar en la guardia del adversario, con numerosos Kakete. La escuela Shito Ryu y Goju Ryu practican una versión bastante parecida. Y tanto una como otra se caracterizan por la alternancia entre secuencias lentas de concentración con respiración Ibuki, con otras mas explosivas y más propias de Shuri-Te, con respiración Donto. Significa "la calma en la tormenta".

セーエンチン

SEIENCHIN

Seipai, también conocido como Seipa, Juhachi. Significa "18 tazas", de la rama Naha-Te. No se conoce el orígen exacto de este kata, pero se especula que fue traída a Okinawa por Chojun Miyagui después de su segundo viaje a Shangai en China, en donde entrenó en la Academia Chin Wu con el abad del Templo Shaolin de aquel entonces de nombre Miao Xin. Algunos historiadores consideran que el sistema de Higaonna era de los estilos del Tigre y del Dragón por lo tanto este kata es la tercera forma del sistema Tigre, por lo tanto creada por Higaonna.

Por el nombre y características se cree pertenece a la Escuela Lohanquan (Rankaken, en japonés). Este kata contiene muchas técnicas ocultas y combinaciones de movimientos realizados para engañar al oponente. Las técnicas más significativas son los movimientos de escape de agarres (Ha Waza y Tsukami Uke), técnicas de atrape (Otoshina Waza), técnicas de proyección (Nage Waza), técnicas de control (Katame Waza) y técnicas de llaveo (Gyaku Waza, ataque a las articulaciones).

セ ー パ イ

SEIPAI

Seisan, estilo y rama Naha-Te, creador Sensei Higaonna, y este kata desarrolla técnicas que implican sujetar y controlar al atacante mientras se le golpea en una parte vulnerable del cuerpo. Significa literalmente "trece manos" o "media luna", y contiene técnicas defensivas y ofensivas las cuales llevan asociado un cambio de dirección. Desarrolla formas de lucha a muy corta distancia, mediante técnicas de ataque de puños en corto y patadas bajas para atravesar las defensas del contrario.

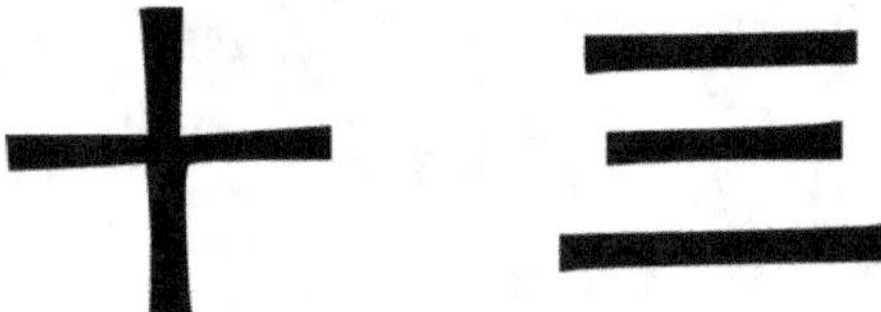

SEISAN

Sochin, estilo y rama estilo Tomari-Te. Significa "calma y fuerza" en otra versión "anciano combatiendo" o "avanzar en la batalla". Su creador fue Ankichi Aragaki. Es un kata que se caracteriza por la grandeza de sus movimientos y técnicas dobles y de amplio recorrido, y la fortaleza de sus posiciones y técnicas.

Muchas de sus técnicas fueron ideadas para la defensa contra ataques de palo (Bo). El nombre de este kata proviene de sus posiciones muy estables. Hay partes del kata que tienen la peculiaridad de realizar movimientos rápidos con el fin de no dar tiempo al contrario de ultimar sus ataques. En su origen se cree que el Kata Sochin fue un kata de katana (sable). En la segunda parte del kata se incluyen técnicas muy interesantes como el Mae Geri simultáneo al Shuto de agarre o Tsukami Uke, y el Tetsui Uchi simultáneo al Haiwan Uke. Otra característica original es la técnica Black Tigre Kamae.

壮 鎮

SOCHIN

Suparinpei, es el número 108 en lengua china. En aquellos tiempos (no se sabe exactamente la fecha, puede ser una leyenda) existía en China un grupo de guerreros que robaban a los ricos para repartir entre los pobres, como Robin Hood, el grupo estaba compuesto por 108 hombres, de ahí el nombre del kata "108 pasos" y teniendo como pieza central un kata con 108 movimientos, así se conjunta Suparinpei. Estilo y rama Naha-Te y su fundador el Sensei Higaonna que se la transmitió a su sucesor Sensei Chojun Miyagui. Se dice que Suparinpei es uno de los katas más antiguos del estilo Goju Ryu. El Kata Suparinpei contiene técnicas de los estilos de la Grulla y del Tigre, ya que proviene de China. Muchos de los ataques del estilo Grulla utilizan técnicas de mano abierta (Nukite), los Haishu Uke, estirar las manos, los haito Gedan, etc. El estilo Tigre son las técnicas de más velocidad, fuertes y poderosas.

スーパーリンペー

SUPARIMPEI

Unsu, escuela y rama Tomari-Te. Su creador el Maestro Seisho Aragaki. Significa "manos en las nubes". Este kata es muy espectacular, con técnicas muy vistosas, como Ushiro Yoko Geri: desde el suelo y un giro de 360º en salto, por lo que se convirtió en kata predilecto para las competiciones, gracias a que las cosas han vuelto a la normalidad y ahora se presenta cualquier kata superior. Este kata forma parte de la trilogía Niseishi, Sochin, la versión de Shito Ryu, no la de Sotokan, y Unsu. Tiene varias series de gran dificultad, que son: el salto, la serie de Mae Geris, Soto Uke, Gyaku Zuki, los Ippon Nukite en Neko Ashi Dachi, y las patadas desde el suelo.

雲 手

UNSU

Wankan (Matsukade), el Kata Wankan fue transmitido a través de la escuela y rama de Tomari-Te, creada por Matsumura-Ha. Significa "viento entre los pinos", y las características están basadas en el golpeo corto simulando golpes contra saco y punching, y practicando los Gyakus Zukis en movimientos de tres tiempos. Aunque el kata es corto, los movimientos y técnicas son de gran dificultad a la hora de realizarla. Las técnicas más significativas son: gran variedad de Te Waza, y los Gyaku-Zuki.

Otra curiosidad es el ataque de doble Nukite a los ojos o a la tráquea o garganta.

ワンカン

MATSUKADE (WANKAN)

Shihokusanku, añado este kata al listado de esta relación por ser una variante que sorprende del Kata Kusanku Dai, teniendo una característica particular.

Fue creado por el Maestro Itosu a partir de Kusanku Dai y Kusanku Sho, estilo y rama Shuri-Te. Significa "mirada al cielo" igual que Kusanku Dai, ya que el kata también comienza con los brazos en alto. El kata selecciona las técnicas más fuertes de los katas Kusanku, y otra particularidad es que el Embusen se sale de la línea tradicional de los dos Kusanku anteriores. La singularidad de su Embusen aumenta la dificultad de ejecución. Las técnicas son todas un calco exacto de Kanku Dai.

シホークーサンクー（四方公相君）

SHIHOKUSANKU

EL KÁRATE Y LOS NIÑOS

La antigua creencia sin base ni justificación de que la práctica del Kárate podía hacer que los niños se rodeasen de un halo de violencia, se aleja totalmente de la realidad. La práctica y entrenamiento del Kárate Tradicional reúne unos valores que hacen imposible cualquier asomo de agresividad ni violencia. Todo lo contrario, lo fundamental de esta disciplina de combate gravita en primer lugar en la enseñanza de los valores más éticos del ser humano e incidiendo en la disciplina y el respeto a los demás y en especial a nuestros mayores, también enseña a los niños a concentrarse e intentar alcanzar metas.

Estas maneras de comportamiento se transfieren muy fácilmente, una educación a través del Kárate le ayuda a prepararse para afrontar la vida real. El Kárate siembra la justicia, el valor, el honor, la sinceridad y la amistad. Considero que la práctica del Kárate es una de las pocas disciplinas de combate en la cual antes que nada se contagia al niño los valores que luego en la vida real van a marcar la manera de ser y el carácter de ese niño, diferenciándolo de otros a los cuales en su vida de niñez deportiva solo se le ha intentado instruir en la competición, en los afanes de ganar y en el ego o la frustración que ello puede conllevar.

EL KÁRATE Y LA MUJER

Hace décadas y aún hoy siguen existiendo algunas reticencias sobre actividades deportivas y no deportivas en las cuales la mujer tenía muy restringida su

representación, y una de ellas con mayor incidencia eran los deportes y disciplinas de combate. Hoy día esto ha cambiado y la mujer se ha incorporado a los más reservados trabajos y deportes de nuestra sociedad antaño prioritarios del sexo masculino, y uno de ellos es el Kárate.

Está claro que el Kárate aporta múltiples beneficios físicos y mentales a la hora de su práctica, y la mujer no podía quedar excluida de esta disciplina, por lo tanto irrumpió en este campo con una fuerza contundente. Cada día son más las mujeres que se incorporan a la práctica del Kárate y las Artes Marciales por los beneficios que aporta a la mujer.

Aparte de ser una disciplina con un alto contenido de trabajo físico-deportivo en los cuales intervienen y se adquieren factores como potencia, velocidad, dureza, y un gran nivel de elasticidad y coordinación, características de aquellos que practican Kárate, existen en esta disciplina marcial otros factores aún más importantes que los anteriores expuestos y que se ubican dentro de la parte interna y espiritual de las personas.

Las características más peculiares de la mujer y también del hombre que se decide a emprender el largo y duro camino del Kárate suelen ser la voluntad, fortaleza, decisión, valentía, disciplina y poder de sacrificio, la falta de una de estas actitudes inmateriales en el karateca, ya sea mujer u hombre, les llevará a difuminarse a través del tiempo, llegando a abandonar la práctica del Kárate, solo aquellos que mantienen intactas estas cualidades llegarán a entender la verdadera esencia de este Arte Marcial.

No hay que olvidar que una de las facetas más importantes y que puede ser de una gran utilidad para la mujer, es el apartado del Kárate como defensa personal y aumento de la autoestima, de esta manera, la mujer aprenderá y se adiestrará en el combate, adquiriendo técnicas de defensa y contraataques las cuales las dotará de una seguridad en sí misma aprovechable para enfrentarse a cualquier situación de riesgo que peligre su integridad física.

Algunas pensarán que practicar un deporte de combate o la defensa personal les puede restar algo de feminidad y están en un error, la mujer que practica Kárate moldea su cuerpo hasta límites insospechados pues practicando esta disciplina se desarrollan grupos musculares que en otros deportes no se activan y se adquiere un tono muscular idóneo y atractivo, por tanto el cuerpo de la mujer se moldea con la práctica del Kárate y su nivel físico aumenta en velocidad de reacción, potencia, fuerza y belleza.

Una expectativa valiosa para la mujer.

Rafi Portillo, mi mujer, esgrimiendo una katana auténtica en el Paraje Natural del Torcal de Antequera.

Desde hace pocos años el aumento de las mujeres en la disciplina del Kárate viene siendo notorio, y puede ser que una de las causas más significativas sea el planteamiento de estas sobre la seguridad personal. Quizás el aumento de las agresiones machistas y enfrentamientos físicos en situaciones de riesgo han hecho que los dojos aumenten considerablemente su número de karatecas femeninas, o simplemente que últimamente todo lo que huela a Artes Marciales esté de moda.

En la actualidad, en una gran cantidad de gimnasios entrenan más niñas que niños siendo las niñas las que más absorben las enseñanzas del Kárate, las más disciplinadas y las que adquieren con más prontitud las técnicas y los katas más complicados. Hay que señalar que algunos padres, quizás por falta de información eluden que sus hijas acudan a clases de Kárate pensando a estas alturas que el Kárate es cosa de hombres y que es muy violento, y nada más lejos de esto, el Kárate ofrece seguridad, autoestima y equiparación con el sexo llamado "fuerte" en una disciplina que antaño solo estaba dirigida hacia el hombre.

En nuestro Dojo Torcal de Calle San Pedro de Antequera (Málaga), las mujeres y niñas karatecas equiparan en número a los hombres, siendo las de más nivel de la Comarca Antequerana y la mayoría de ellas han adquirido un alto nivel técnico a través de los años de práctica. Las edades de estas karatecas oscilan entre los 6 y los 72 años, ¡si como lo digo, 72 años!, la mayoría de las mujeres adultas son cinturones negros y alguna de ellas están casadas, tienen hijos y llevan más de treinta años en la práctica del Kárate y la defensa personal, por lo tanto no hay que tener ninguna reticencia ni temor al sentido del ridículo, pues una mujer cuando se inscribe a un gimnasio para practicar Kárate, al final se encontrará recompensada, llena de vida y con una seguridad en sí misma que anteriormente no tenía.

ÁRBOL GENEALÓGICO SIMPLIFICADO DEL SHURITE-ITOSU-KAI

SOKON MATSUMURA
"BUSHI" 1797-1893
OKINAWENSE SHURI- TE

ANKOH ITOSU
1830-1915 OKINAWENSE
SHURI-TE

KENWA MABUNI
1889-1952 OKINAWENSE
SHITO RYU

ANKO AZATO
1827-1906 OKINAWENSE SHURI-TE

GICHIN FUNAKOSHI
1868-1957 OKINAWENSE SHOTOKAN

RYUSHO SAKAGAMI
1915-1993 JAPONES ITOSU-KAI

SADAAKI SAKAGAMI
1942 JAPONES ITOSU-KAI

LA RESPIRACIÓN EN EL KÁRATE

DONTO, IBUKI, NOGARE, IBUKI-NOGARE.

La respiración conocida en japonés como Kokyu es uno de los elementos más importantes en la ejecución de las Artes Marciales. Según el movimiento a realizar se inhala y se exhala de maneras distintas para lograr distintos objetivos.

En la vida para poder sobrevivir es necesario respirar. La respiración se encarga de proveer al cuerpo de oxigeno que es necesario para todo el funcionamiento de las células que lo componen. En los pulmones se almacena el aire que se toma y se produce el intercambio gaseoso de oxígeno procedente del aire por dióxido de carbono. Este oxigeno viaja luego por el torrente sanguíneo hasta las células que lo utilizan para producir la energía que necesitan para poder hacer las funciones vitales.

Respiración abdominal (Ibuki).

Al inspirar (tomar aire), el aire pasa desde nuestra fosa nasal o nuestra boca (nada recomendable en las situaciones normales ya que evitamos el filtro de aire que supone la nariz), por la tráquea y hasta los pulmones a través de los bronquios participando en la gestión de los movimientos del aire los músculos de la cavidad torácica y el diafragma que se mueve permitiendo más libertad a los pulmones para expandirse y conseguir que se llenen correctamente. Al espirar (echar aire), el dióxido de carbono que se intercambió en los alvéolos pulmonares sale haciendo el recorrido inverso ayudado por el diafragma y los músculos torácicos que contraen los pulmones (la caja torácica), para que puedan vaciarse.

Para la realización de cualquier deporte la respiración es algo fundamental ya que nos permite alargar el ejercicio en el tiempo, lograr un movimiento con una fuerza y velocidad mayor o soportar mejor los impactos según como la realicemos. Así por ejemplo un corredor de resistencia tiene que llevar una respiración controlada y rítmica ya que si respirara demasiado rápido no daría tiempo a los pulmones a oxigenarse completamente con lo que este oxígeno no llegaría a las células y no tendrían energía suficiente lo que derivaría a un estado de fatiga.

En las artes marciales la respiración es un elemento imprescindible ya que se encarga de controlar el ritmo cardíaco, en la contracción y relajación de los músculos del cuerpo, el aprovechamiento de la energía para generar un ataque o defensa más potente... Si no tenemos un control sobre la respiración y la manejamos correctamente no podremos ser efectivos en ningún Arte Marcial.

Podemos distinguir la respiración en dos tipos distintos: la respiración torácica y la abdominal o diafragmática. La torácica es la usada cotidianamente para la mayoría de las circunstancias mientras que la abdominal es la más recomendable para la actividad en las artes marciales.

En la respiración torácica al inhalar los músculos del pecho y hombros tiran hacia arriba y se hincha el tórax. Al producir esta hinchazón en el pecho se produce un desequilibrio en esta parte del cuerpo ya que se desplaza el centro de gravedad con lo cual resulta más difícil realizar un movimiento rítmico y constante ya que hay que volver a regular el centro de gravedad constantemente. Con esta respiración solo se llena la parte superior de los pulmones dejando el diafragma casi sin uso y no llenando los pulmones al completo. Esto provoca que la oxigenación del organismo no sea completa y ante ejercicios intensos puede llegar a provocar fatiga.

En la respiración abdominal o diafragmática el diafragma se desplaza hacia abajo expandiendo el abdomen hacia afuera, evitando así echar hacia arriba el pecho y los hombros. Cuando expandimos el abdomen el diafragma desciende al máximo, llenando así los pulmones completamente debido a que estos se encuentran más relajados y se expanden más tomando más oxígeno. Esto evita que nuestro cuerpo se fatigue prematuramente. También aporta una estabilidad mayor de la columna vertebral. Esta estabilización se produce debido a la elevación de la presión intra-abdominal, permitiendo un mejor rendimiento y una mayor seguridad. Esta presión intra-abdominal se eleva por medio de la contracción de la musculatura abdominal, diafragma y de los músculos intercostales. Otro beneficio de este tipo de respiración es el control de la ansiedad ya que puede ayudar a calmarnos al hacer más controlable el ritmo respiratorio que se consigue al realizar un correcto llenado de los pulmones. Además de su uso en las artes marciales también la usan los cantantes y los foniatras la recomiendan para la corrección de dolencias de garganta.

Para los orientales existe un concepto denominado hara (parte vital en la respiración), que se refiere a la parte baja de la espalda, abdomen y vientre. El hara (tandem o dantien) es considerado el centro de gravedad, donde se concentra toda la energía del cuerpo (área localizada justo debajo y detrás de la zona umbilical). Otros también lo llaman el segundo cerebro porque es donde dicen poder percibir los cambios circundantes, las sensaciones como el amor o el miedo, etc...

Esta se distingue en dos tipos distintos la budista y la taoísta (o inversa). La respiración abdominal normal es una parte importante del entrenamiento del Qi Gong budista, y por eso con frecuencia se la denomina "respiración budista". Al inspirar se expande deliberadamente el abdomen y cuando se espira se deja que se contraiga. Esta respiración debe ser uniforme, natural y cómoda. La respiración abdominal profunda se realiza en el bajo abdomen, por eso no se debería expandir ni contraer el pecho. El método de respiración abdominal inversa es utilizado normalmente por los practicantes de Qi Gong taoísta y por eso se la llama "respiración taoísta". Se obtienen los mismos resultados que la respiración abdominal normal, sin embargo, en ésta respiración se desplaza el abdomen hacia dentro al inspirar y hacia fuera cuando se espira. Según esta teoría se utiliza para poder controlar el Chi o Ki de manera distinta a otras respiraciones.

También se puede distinguir la respiración en dos tipos según el comportamiento del oxígeno con respecto a las células. Es decir, si a la hora de realizar el ejercicio el oxígeno que llega a las células es suficiente diremos que se está haciendo una respiración aeróbica. Mientras que si existe una deuda de oxígeno con las células, se realizará una respiración anaeróbica.

La respiración aérobica es aquella que en los ejercicios de baja o media intensidad y de larga duración la adquisición de oxigeno es suficiente para que el organismo queme hidratos y grasas para obtener energía. La anaeróbica se da en ejercicios de alta intensidad y de poca duración, donde el oxígeno que adquirimos por medio de la respiración no es suficiente por lo que la energía proviene de fuentes inmediatas que no necesitan ser oxidadas por el oxígeno, como el ATP muscular o la glucosa entre otros. Este último tipo debe de controlarse y no abusar de él ya que favorece la aparición de la cristalización del ácido láctico en los músculos.

En las Artes Marciales y deportes intensos se dan situaciones en las que por la acción que se lleva a cabo no somos capaces de tomar tanto aire como se necesita con lo que se produce una falta de oxígeno en las células y se trabaja en anaeróbico. Esto ocurre por ejemplo en secuencias de movimientos continuos en los que no podemos tomar aire o en luchas "cuerpo a cuerpo" prolongadas en las que el desgaste es muy amplio. Si se prolonga la acción anaeróbica por un tiempo amplio esto provocará un cansancio y debilitamiento al no recibir el oxígeno que se necesita.

Los okinawenses llevan el concepto de la respiración a otro nivel y dividen los tipos de respiración en 6 tipos y un subtipo:

- Donto: respiración normal torácica.
- Ibuki: respiración diafragmática con contracción abdominal y sonora.
- Ibuki Nogare: respiración diafragmática con contracción abdominal sin sonoridad.
- Ibuki Sankai: respiración profunda, concentrada y sonora.
- Nogare: respiración diafragmática profunda sin contracción abdominal.
- Hiaku Ko Kyu Ho: respiración diafragmática inversa.
- Nun: respiración diafragmática inversa con retención

Durante la inhalación recibir un golpe puede ser muy negativo ya que se produce el efecto que comúnmente se conoce como "sacar el aire de los pulmones" que consiste en una incapacidad mecánica del movimiento de los pulmones.

Al exhalar, al tiempo que se ejecuta un golpe tensando los músculos abdominales, se reduce el efecto de incapacidad respiratoria y además se protege a los órganos vitales al comprimirlos.

Para empezar hay que dejar que el abdomen se eleve manteniendo el pecho inmóvil. Aunque esto para los principiantes suele ser algo bastante difícil ya que llenan primero los picos pulmonares y luego sacan la barriga hacia afuera.

El control consciente del diafragma es la clave para controlar la respiración pero no es algo que a todo el mundo le resulte sencillo. Un método común para la ayuda a este control es de la visualización del cuerpo como una jarra que se va llenando de agua. Se debe empujar el agua para llenar primero el fondo y que se vaya elevando a medida que se vierte más hasta que se colme.

Otro símil que puede resultar útil es imaginar los pulmones como un globo que se expande en todas las direcciones ya que esto nos facilita también el ser conscientes de que la caja torácica y la columna influye en el llenado de los mismos. Así también controlamos la expansión con la tensión abdominal y el correcto alineamiento de pelvis, columna y cabeza.

Una vez controlado el tronco en la respiración nos debemos centrar en cómo se adquiere el aire a través de la nariz y la boca. Los dientes apretados y la lengua sobre el paladar son los que controlan la presión del aire y las condiciones en las que circula.

Si exhalamos cerrando levemente el paladar contra el fondo de la nariz y la garganta creamos una resistencia al aire que fortalecerá el diafragma y nos permitirá controlar el volumen y el movimiento del aire. Para ello solo tenemos que pensar en cómo tragamos aire o cerramos el fondo de la nariz cuando nos sumergimos en el agua; luego, relajando la contracción abdominal, inhalamos abriendo y aflojando la glotis, lo cual permitirá la expansión de los pulmones hacia abajo y del abdomen hacia afuera que debería ser visible en el movimiento de las costillas flotantes durante la inhalación y la exhalación.

Donto

Es la respiración que ejecutamos cuando no pensamos en ello. Es la primera que hacemos al nacer y la que nos sale de manera involuntaria, ejecutamos este tipo de respiración más del 90% del tiempo.

En ella el diafragma no trabaja y el aire va a los pulmones haciendo que estos se expandan pero no moviendo el diafragma arriba y abajo sino que es el pecho el que se desplaza adelante y atrás. Esto impide un llenado completo de los pulmones reduciendo nuestra capacidad pulmonar si lo comparamos con la respiración abdominal.

Es desaconsejable para el uso de las artes marciales debido a que se producen desequilibrios al hinchar el pecho y mover el centro de gravedad, a que los órganos internos quedan más desprotegidos ante un ataque, a que el llenado de los pulmones no es el óptimo y a que visualmente para el rival es mucho más fácil de detectar el momento de mayor debilidad (inspiración).

Ibuki

Sería el utilizado en la mayoría de técnicas de artes marciales ya que nos facilita el proteger los órganos internos, el conseguir una adecuada tensión en todo el cuerpo y la sonoridad hace que sea más fácil de corregir si se ejecuta mal.

1. Inhalar rápidamente a través de la nariz o la boca hacia la parte inferior del hara. En el pico de la inhalación parar y tensar todos los músculos especialmente los de los brazos, piernas y dedos medios.
2. Realizar una espiración larga y sonora, con la punta de la lengua empujando detrás de los dientes inferiores, mientras el resto de la lengua cae naturalmente sobre la garganta. Mantener la garganta bien abierta y tensar todos los músculos del cuerpo, poniendo especial énfasis en el hara.
3. Forzar la salida del aire del estómago y de los pulmones realizando una contracción de la parte inferior del hara mientras se realiza un recuento mental de cinco segundos. El ruido de la exhalación producido por el cierre de la glotis debe ser constante desde el principio hasta el final, sin que hayan variaciones en fuerza o tono.

Ibuki nogare

Se relaciona con los estilos de Kárate de Shuri-Te. Aunque esto no quiere decir que sea exclusivo y que todo el Shuri te la realice, ni que la realice siempre, todos los estilos y katas realicen varios tipos de respiración distintos pero nos quedamos con el más habitual.

Es la misma que la anterior (Ibuki) pero sin sonoridad. Sus usos son los mismos pero se entiende que una vez dominada la respiración el producir sonido es algo irrelevante ya que no aporta ningún grado extra ni a la potencia ni al ahorro energético.

La sonoridad en la respiración radica en el aprendizaje, para que el Maestro vaya viendo la evolución del alumno tiene que ver como este respira y si la respiración se ejecuta sin sonoridad este término se dificulta, aunque va en la propia evolución del alumno que debe ser consciente de su propia respiración. Se entiende que una vez que el ibuki se tiene dominado al Maestro no le hace falta oír esa respiración y se podría pasar a este método.

Ibuki sankai

Es la utilizada comúnmente en el kata sanchin de cualquiera de los estilos en los que se practica aunque puede variar según los objetivos del practicante por otro tipo de respiración.

Se comienza en una posición cómoda y favorable para ser conscientes de todo lo que sucede en nuestro cuerpo. Primero se ejecutan unos ciclos de respiración abdominal ibuki y al final de la espiración cuando la sensación que se tiene es de estar vaciado de aire se ejecuta un cerramiento adicional de los músculos abdominales y la tensión del diafragma. Esto lleva a espirar una pequeña cantidad de aire que sería la reserva del volumen de espiración. Nada más acabar de expulsar todo el aire sigue una inspiración del volumen de reserva.

Una vez que se tiene controlado se puede comenzar a trabajar el kata sanchin para así familiarizarse de este tipo de respiración en movimiento y con técnicas. La finalidad del kata sanchin es alcanzar la máxima tensión muscular con la respiración óptima y concentración psíquica, siendo de muy difícil ejecución correcta.

Nogare

Un método para practicarla sería en la meditación o zazen ya que sería la similar al resto pero no sonora.

Se puede practicar sentado en la posición fuza (piernas cruzadas en la llamada posición de loto). Colocar las manos sueltas encima de las piernas con las palmas hacia arriba y con la derecha descansando sobre la izquierda, ambos pulgares se toca. En cuanto al tronco, debe permanecer recto, incluyendo la columna y los hombros relajados y reposando, la cabeza con el mentón paralelo al suelo y la mirada inclinada hacia abajo. Se respira relajada y naturalmente usando únicamente el movimiento del diafragma y de los músculos abdominales. Se utiliza para lograr una relajación física y psíquica de esta manera pero luego se puede incorporar para todos los movimientos de distintas artes marciales incluyendo la contracción abdominal.

Hiaku ko kyu ho

Sería similar a cualquier respiración abdominal pero con los movimientos del abdomen opuestos. Esto es que se contrae en la inspiración y se relaja en la espiración. La utilizan los practicantes de Qi Gong y algunas artes marciales como el Taiji Quan o estilos de Kárate como el Goju Ryu o Uechi Ryu para llevar la energía a sus tejidos y huesos.

Se realiza porque tiene como ventaja el cambio que produce en la presión diferencial entre el pecho y el abdomen. En la inspiración el diafragma se desplaza hacia abajo y el abdomen hacia adentro contrayendo mucho los órganos internos acumulando energía en los tejidos y órganos abdominales. Al relajar el abdomen se expande, hacia arriba al liberar el diafragma y hacia adelante al relajar los músculos abdominales, con lo que la presión acumulada se libera en forma de energía hacia afuera.

Nun

Existe además un subtipo de respiración que iría incluido dentro de la respiración inversa que es practicado por los estilos de Naha te en Okinawa llamado Nun. La respiración Nun es ligeramente diferente ya que nuestros músculos abdominales están ligeramente tensos durante un breve periodo.

Para realizar la respiración Nun, en la inspiración se debe respirar igual que durante la respiración budista (abdominal), utilizando el abdomen y no el tórax relajando los músculos abdominales. Cuando se está cerca de completar la inspiración total se tensan ligeramente los músculos abdominales y se completa la inhalación. Después se mantiene el abdomen ligeramente tenso seguido a la inspiración y se esperan algunos segundos antes de exhalar.

Durante la exhalación se comienza por relajar el abdomen, hasta relajarlo completamente hasta el fin de la exhalación. En la inspiración se atraen la parte baja de la cadera hacia dentro de nuestro cuerpo. Se eleva el diafragma urogenital hacia arriba (el ano) también. Durante la exhalación bajar nuestro ano y nuestra parte baja de la cadera.

Los Maestros Zen recomiendan que se practique mucho la respiración nogare ya que es un gran método de relajación y meditación y de fácil aplicación. Estos intentan lograr que el cuerpo automatice esta respiración en contra del donto llegando a realizarla de manera inconsciente, mientras se duerme o se ejecuta cualquier actividad.

Estas respiraciones se deben de ir alternando según los objetivos que se quieran lograr teniendo en cuenta que siempre debemos estar espirando a la hora de ejecutar una técnica y ser consciente de que nuestras inspiraciones deben de ir al finalizar la técnica para prepararnos para la siguiente. Cuando se ejecutan varias técnicas de golpeo seguidas no es completamente necesario inspirar varias veces ya que se puede ir repartiendo el aire espirado en las distintas técnicas dividiendo la cantidad de aire del que se dispone en el número de técnicas que queramos realizar. Pasaríamos a realizar un trabajo apneano en el cual se distribuiría la respiración en varios momentos y retendríamos aire entre uno y otro.

Aprendemos a saber utilizar cada inspiración y espiración practicando técnicas individuales, haciendo Kihon, hasta que llega el momento que hemos acostumbrado al cuerpo a hacerlo de forma natural y espontánea. Una vez dominamos la respiración en la técnica básica aprenderemos a dominarla en técnicas en movimiento. Y cuando practicamos por parejas ponemos en práctica eso que aprendemos. La verdadera maestría es el aprovechamiento máximo de toda la energía que nos da la respiración.

Como sabemos que el punto débil del oponente sería cuando este inspira también podemos aprovechar eso a nuestro favor a la hora de plantear la táctica del combate. Para saber el momento exacto de la inspiración del rival debemos controlar primero la nuestra aprendiendo cual es el momento en el que estamos más desprotegidos y reconocerlo al verlo en el adversario.

A. Muñoz Miranda.

PLANIFICACION Y ENTRENAMIENTO PARA UNA TEMPORADA

El autor ejecutando un kata.

En general, la distribución del entrenamiento se dirigirá de la siguiente manera:

1. Calentamiento general.
2. Iniciación técnica.
3. Trabajo de técnicas y otras modalidades.
4. Preparación.
5. Movilidad articular.
6. Vuelta a la calma.

Esta distribución la justifico con los siguientes argumentos:

Calentamiento, es decir, preparación para el esfuerzo.

Iniciación técnica, es decir, realizar técnicas elementales para situarnos en acción y adecuar el organismo a una intervención más intensa.

Entrenamiento técnico.

Preparación física, que va dirigida al desarrollo de factores de ejecución, resistencia, fuerza, velocidad, coordinación.

Movilidad articular, debido a sus exigencias mecánicas y fisiológicas es necesario tener a las articulaciones y músculos en condiciones de recibir una tracción intensa y esto se consigue después de un ejercicio prolongado.

Vuelta a la calma, con ejercicios de baja intensidad.

En función de todo esto daré un orden lógico para el desarrollo de las cualidades físicas en relación al aprendizaje técnico.

Resistencia: Preparar al organismo para que supere los entrenamientos posteriores que serán de intensidad creciente.

Fuerza: Hacer elevar el estado muscular del alumno con un entrenamiento de:

- fuerza-resistencia
- fuerza pura
- fuerza-velocidad

DIVISION DEL TRABAJO TECNICO

Materias

A)   trabajo de técnicas aisladas.
B)   encadenamientos. (variantes y ritmos)
C)   trabajo por parejas. (Con todas sus posibles subdivisiones, tradicionales o libres).

Formas de trabajo:

A)   estático (brazos, piernas).
B)   a un paso (ippon Kumite, zenkutsu dachi, yori ashi).
C)   lineal (avances y retrocesos, mawate, encadenamientos, ippon Kumite, sambon, y gohon Kumite).
D)   quebrado (ju Kumite, bunkai Kumite y ¿competición?).

KATAS

Es sin duda una de las materias en las que se divide el Kárate, pero debido a su propia personalidad e importancia le doy un tratamiento aparte.

El trabajo de katas lo dividiré en las siguientes fases de enseñanza:

A)   Exposición general.

Expondré la realización íntegra del kata a enseñar, y se realizará a un ritmo lento o medio, y señalaré a través de diversas repeticiones sus objetivos y propósitos generales, destacando alguna fase o movimiento especialmente complejo.

B)   Fases diferenciadas.

Constituye la división del kata en una serie de movimientos que llevan un ritmo específico y que tienen que separarse del conjunto, al objeto de hacer un estudio y una práctica más profunda.

En cualquier caso y después de un número de repeticiones será necesario realizar de nuevo el kata en su conjunto.

C)   Repeticiones integras.

Según la intención con que se realice su práctica, la repetición íntegra del kata tiene un conjunto de formas posibles de realizarlas, en las cuales se pasará desde el aprendizaje más elemental para aprender el orden, hasta su "total dominio".

*   Repeticiones a ritmo lento, con técnicas lentas y sin contracción.

- Repeticiones a ritmo vivo, con técnicas fluidas y sin contracción.
- Repeticiones a ritmo lento, con fuerte contracción muscular en las técnicas.
- Repeticiones utilizando los miembros contrarios.
- Repeticiones a ritmo real con plena concentración física y mental.

D)	Aplicaciones.

Las aplicaciones (bunkai), son las representaciones prácticas dada a las acciones técnicas aisladas o a las fases de un kata, permitiendo al alumno alcanzar más fácilmente el significado y objeto de sus movimientos, a la vez que motivan y facilitan el aprendizaje al dar sentido y una posible aplicación valida a las situaciones que se representan.

Su práctica se realizara por parejas, tríos o grupos, intentando llevar las técnicas a un plano lo más real posible con explicaciones más complejas.

NIVELES DE ENSEÑANZA

Nivel inicial. Cinturones blancos y amarillos.

Enseñanza y práctica de dos o tres posiciones fundamentales cuyo objetivo será adquirir el dominio de la forma y distribución del peso del cuerpo. Ejecución de pocas técnicas, defensas interceptoras y ataques directos con carácter repetitivo, aunque procuraré variar las situaciones, e insistiré sobre los principios básicos de verticalidad del tronco, altura y giro de la cadera.

La mayor parte del trabajo se realizará con carácter estático, utilizando también los desplazamientos a un paso o lineales, pero insistiendo más en la forma que en la fuerza o velocidad.

Los encadenamientos serán de brazos y con dos o tres técnicas como máximo. Los katas serán los más básicos.

Nivel intermedio. Cinturones naranjas y verdes.

Práctica sobre posiciones fundamentales dentro de una gran solidez de asentamiento. En las técnicas de defensa y ataque con brazos y piernas se exigirá el control en dirección y profundidad así como los giros y utilización de la cadera.

Los encadenamientos constarán de tres o cuatro técnicas de brazo o pierna, realizándolas con potencia y exactitud.

El trabajo por parejas se hará con sambon Kumite e inicio en el ippon Kumite.

El entrenamiento estático ira cediendo, con desplazamientos en diversas posiciones y coordinación entre pasos y técnicas.

Los katas seguirán siendo básicos pero con mayor capacidad técnica, al mismo tiempo que iniciaré la enseñanza de algún kata superior del estilo y escuela que practicamos.

Nivel avanzado. Cinturones azules y marrones

Presupone la enseñanza, práctica y dominio de las posiciones más importantes. La comprensión y el control de las técnicas a plena potencia, concentrando la fuerza en el momento final (kime).

El trabajo por parejas se realizará sobre el sambon Kumite, yu Kumite, ippon Kumite, estudiando el dominio de la distancia y los principios tácticos fundamentales.

En el trabajo de katas deberán dominarse todos los básicos y tres superiores como mínimo de dificultad media y adaptar su aprendizaje a una mejora técnica. Uno de estos katas la estudiaremos con ánimo perfeccionista.

Nivel superior. Cinturones negros.

El trabajo con estos grados tendrá como objetivo el perfeccionamiento, exactitud, velocidad y potencia de las técnicas aprendidas y el inicio del estudio de otras más complejas. Nos adentraremos en el inicio de técnicas de agarre y defensa personal.

Trabajo libre por parejas con un marcado sentido marcial, dentro de un gran respeto por el compañero.

Progresión en el dominio de los katas, su significado y aplicaciones, correcta actitud mental, y una creciente capacidad de entrenar libremente con responsabilidad y objetividad.

KÁRATE INTANTIL

Organización de la clase:

1. Calentamiento.
2. Juegos.
3. Formas de trabajo.

Calentamiento: Ejercicios que desarrollen las aptitudes del niño en toda su extensión

- Psicomotriz.
- Sociomotriz.
- Físico y mental.

Juegos: Para que el niño no se aburra ante la monotonía de las repeticiones de las técnicas y la disciplina que se requiere en una clase de Kárate.

- Juegos aplicados.
- Juegos de fuerza.
- Juegos de velocidad.
- Juegos de atención y concentración.

Formas de trabajo:

- En línea.
- En hilera.
- En filas de dos o tres.
- En cuadrado.
- Katas y Kihones.
- Caídas y barridos.
- Kihon y Kumite.

Katas y Kihones: Katas básicas y Kihones elementales, en los desplazamientos se realizarán unos movimientos muy simples.

Caídas y barridos:

- Ushiro Ukemi (caída hacia atrás).
- Mae Ukemi (caída frontal).
- Yoko Ukemi (caída lateral).
- Ashi Barai (barrido del pie adelantado)
- O-Uchi-Gari (siega o barrido por el interior).
- Ko-Uchi-Gari (barrido interior tirándolo de espaldas).
- Ippon-Seoi-Nage (metiendo caderas y volteando por encima).
- O-Goshi (agarrando cintura, girando caderas y volteo).

Kihon y Kumite:

- Técnicas de Kárate muy simples.

- La práctica del Kihon debe ser mínima.
- Combinaciones sencillas, a lo sumo de tres movimientos, las repeticiones de una misma técnica no debe exceder de diez tiempos.
- Clases de Kihon: Con desplazamiento. Sin desplazamiento.
- Clases de Kumite: Yu-Kumite y Siai-Kumite.

El niño solo practicará el Yu-Kumite, pues el siai es a nivel competitivo, y siempre bajo la tutela del profesor, teniendo mucho cuidado de las lesiones.

SEPTIEMBRE

DÍA   En kamae de combate: repeticiones De   oi-Zuki
                                                               Gyaku-Zuki
    Mae-Geri
   Desplazamientos adelante: Oi-Zuki
    Gyaku-Zuki
    Mae-Geri

DÍA   En kamae de combate: repeticiones de Uraken
    Tetsui
    Tate-Zuki
   Desplazamientos adelante: Uraken
    Tetsui
    Tate-Zuki
    Yoko-Geri

DÍA   En kamae de combate: sobre el terreno, encadenamientos
    Gyaku-Zuki y Mae-Geri
    Mae-Geri y Gyaku-Zuki
    Yoko-Geri al frente y Gyaku-Zuki
    Uraken y Yoko-Geri al frente
    Yoko-Geri, Uraken y Gyaku-Zuki

DÌA   Técnicas de Shihon: Gedan-Barai, Mae-Geri y Gyaku-Zuki
    Gedan-Barai y Gyaku-Zuki
  Con la pierna trasera: Gedan-Barai, tetsui-gyaku y yoko geri

DÍA   Avanzando y mawate, en Zenkutsu-Dachi: Gedan-Barai
    Yoko-Ukc
    Age-Uke

Mawashi-Geri

Mikazuki-Geri

DÍA   Trabajo de katas: Pinan Nidan

Pinan Sandan

Pinan Shodan

Pinan Yodan

Pinan Godan

(El trabajo de estas Pinan serán rápidos y sin mantener ritmo ni encadenamiento, solo a nivel recordatorio).

DÍA   Trabajo de Ju-Kumite, cambiando de compañero cada 3 minutos, y con un ritmo acelerado sin dejar de hacer técnicas defensivas y de ataque.

DÍA   Trabajo de técnicas aisladas: cada alumno elegirá la técnica que quiera e ira repitiéndola varias veces; le añadirá progresivamente varias técnicas más, y las repetirá en su conjunto las veces que yo le indique.

DÍA   Trabajo de Kumite: En grupo de tres harán Kumite, todos contra todos. En grupo de tres, Kumite dos contra uno. En grupos de cuatro, se enfrentarán tres contra uno.

DÍA   Trabajo de piernas en el mismo sitio: Mae-Geri

Yoko-Geri

Mawashi-Geri

Ushiro-Geri

Sin apoyar la pierna en el suelo
repeticiones en todos las patadas

DÍA Trabajo de katas y Ju- Kumite: Katas sin ritmo, muy rápidas y Ju-Kumite enfrentando una fila con otra fila que irán pasando por cada uno que solo se defenderá.

OCTUBRE

DÍA   Trabajo de ju Kumite: Por parejas, uno defiende y el compañero ataca haciendo encadenamientos de tres técnicas.

DÍA   Técnicas de Kihon: Avanzando en kamae de combate.
Uraken, Gyaku-Zuki y Mawashi-Geri

Kake-Uke y Mawashi-Empi
Zenkutsu-Dachi y Gyaku-Zuki, Neko-Ashi-Dachi y Yoko
uke

DÍA   Ju Kumite: Kumite a la "pata coja"
Trabajo de defensa personal

DÍA   Trabajo de Shihon: Desplazamientos en cuatro direcciones:
Shuto-Uke y Nukite-Gyaku
Soto-Uke, Gyaku-Zukiy Yoko-Geri
Gedan-Barai-Gyaku, Oi-Zuki y Mae-Geri

DÍA   Trabajo de Kihones y katas: Agrupados por grados, ejecutan, los katas que yo les indique.

DÍA   Trabajo de técnicas de Kihon: Avanzando en Zenkutsu-Dachi:
Gedan-Barai
Yoko-Uke
Age-Uke
Soto-Uke
Shuto-Uke
Oi-Zuki
Gyaku-Zuki
Uraken
Mae-Geri
Yoko-Geri
Mawashi-Geri

DÍA   Trabajo de combate: Por parejas:
Defensa y contraataque contra cuchillo.
Ju-Kumite abierto.

DÍA   Trabajo de Kihones y katas: Kihones 11-12-13-14.
Katas: Van rotando por grupos de cintos
haciendo los katas que yo les indique.

DÍA   Técnicas de Kihon: Te-No-Kata
Ippon Kumite: Avanzando y retrocediendo
Oi-Zuki Yodan y Age-Uke
Oi-Zuki Chudan y Soto-Uke
Oi-Zuki Chudan y Yoko-Uke
Mae-Geri y Gedan-Barai

DÍA   Trabajo de desplazamientos: Avanzando en Yori-Ashi:
Uraken
Oi-Zuki
Gyaku-Zuki
Tate-Zuki
Desplazando en Yoko-Ashi:
Yoko-Geri
Tetsui
Shuto-Uchi

DÍA   Kihones, katas y Kumite: Kihones 15-16-17-18
Katas: Nidan Sandan Shodan Yodan Godan

DÍA   Técnicas encadenadas: En kamae de combate: Age-Uke y Gyaku-Zuki
Yoko-Uke y Gyaku-Zuki
Gedan-Barai y Gyaku-Zuki
Soto-Uke y Gyaku-Zuki
Shuto-Uke y Nukite-Gyaku
Gedan-Barai y Mae-Geri
Yoko-Uke-Gyaku y Mawashi

DÍA   Técnicas de Kihon. : Sobre el mismo sitio y kamae:

Mae-Geri en todas sus fases:

1. Sacando la rodilla doblada.
2. Estirando la pierna al frente.
3. Aguantar 5 segundos.
4. Recoger la pierna.
5. Apoyar la pierna atrás.

Yoko-Geri en todas sus fases:

1. Levantar la rodilla.
2. Preparar el sokuto.
3. Estirar la pierna al lado, sokuto.
4. Mantener.
5. Recoger la pierna sin apoyar.
6. Apoyar en el suelo atrás.

Mawashi-Geri en todas sus fases:

1. Levantar la rodilla atrás.
2. Girar la cadera.
3. Estirar la pierna y golpear con el empeine.
4. Mantener.
5. Recoger con la rodilla atrás.
6. Apoyar en el suelo atrás.

DÍA   Trabajo de Kihones y katas: Kihones 19 y 20.

Cinturones blancos:
Nidan
Sandan

Cinturones amarillos:
Nidan
Sandan
Shodan
Yodan
Godan

Cinturones naranjas:
Yuroku
Yutte
Geksai-Daichi

Cinturones verdes:
Bassai-Dai
Geksai-Daini
Sanchin-No-Kata
Geki-Ha

Cinturones azules:
Jiin
Jion

Cinturones marrones:
Seienchin
Bassai-Sho
Tekki-Shodan

NOVIEMBRE

DÍA   Estrategia de combate (Ju-Kumite)
Por parejas: Uno defiende y el otro ataca.
Uraken y Gyaku-Zuki
Uraken, Gyak-Zuki y Mawashi.
Oi-Zuki, Gyaku-Zukiyodan y Mawashi-Geri-Chudan.

DÍA   Técnicas de Kihon: En shiko dachi:
                                    100 Zukis.
                                    A la voz y comando, 2 Zukis.
                                    A la voz y comando, 3 Zukis.
                                    A la voz y comando, 5 Zukis.
                                En zenkutsu dachi y hacia atrás:
                                    Gedan-Barai
                                    Yoko-Uke
                                    Age-Uke
                                    Soto-Uke
                                    Oi-Zuki
                                    Gyaku-Zuki
                                Desde el suelo:
                                    Yoko-Geri
                                    Mawashi-Geri
                                    Ushiro-Geri

DÍA   Trabajo de Kihones y katas: Kihones con los ojos cerrados (orientación)
                                    Katas con los ojos cerrados (orientación)

DÍA   Trabajo de defensa personal: Diferentes técnicas de defensa personal y
           técnicas de Kárate cuya finalidad será derribar al contrario con técnicas de
           ukemis.

DÍA   Trabajo de técnicas de Kihon: Con el compañero, Tai-Sabaki:
                                    Ante un ataque de Oi-Zuki:
                                    Desplazamiento a la izquierda sin defensa
                                    Desplazamiento a la derecha sin defensa
                                    Desplazamiento hacia atrás sin defensa
                                    Desplazamiento a la izqquierda con defensa
                                    Desplazamiento a la derecha con defensa
                                    Desplazamiento atrás con defensa
                                    Estos mismos desplazamientos con
                                    defensa y contraataque

DÍA   Trabajo de katas (bunkai): Desarrollo técnico-práctico de un kata (parte de
           él), con un compañero.

DÍA   Trabajo de Kumite: Por parejas:
                                    Ju-Kumite
                                    "Siai-Kumite"

DÍA   Trabajo de técnicas de Kihon: Sin movernos del sitio, en zenkutsu dachi:
Mae geri con la pierna de delante.
Yoko geri con la pierna de delante.
Mawashi geri con la pierna de delante.
Trabajo de técnicas de ejecución lenta:
Kakiwake uke
Tsukami uke
Kake uke

DÍA   Trabajo de Kihones y katas: Repaso de Kihones y katas:
Kihones: 7-8-9-10
Katas: Nidan Sandan Shodan Yodan Godan

DÍA   Trabajo de resistencia (Ju-Kumite)
Cambiando constantemente de pareja: Toda la clase Ju-Kumite.

DÍA   Trabajo de técnicas de Kihon: Avanzando en Neko Ashi Dachi:
Shuto-Uke
Age-Uke
Yoko-Uke
Gedan-Barai
Soto-Uke
Mae-Geri
Yoko-Geri de pierna delantera
Yoko-Geri de pierna trasera
Mae-Geri de pierna delantera
Mae-Geri de pierna trasera
Mawashi-Geri de pierna delantera
Mawashi-Geri de pierna trasera

DÍA   Trabajo de Kihones y katas: Kihones del 1 al 10.
Katas por grupos:
Técnicas lentas
Técnicas muy rápidas sin ritmo
Técnicas por fases del kata
El kata con su ritmo
El kata a la voz de ¡hachime!

DICIEMBRE

DÍA   Trabajo de Kumite: Técnicas de defensas y ataques en Kumite:
Uno en la pared, y dos compañeros van atacando sin

interrupción.
Elegir un kata y desglosarlo por partes con los grupos de técnicas que correspondan. Cada grupo de cintos hará un kata diferente según su grado.
Mismo kata, lento y con los ojos cerrados.
Mismo kata, con el ritmo adecuado y ojos cerrados.

DÍA Trabajo de hippon Kumite: Por parejas.

 Ante un ataque de Zuki:
  Esquiva a derecha e izquierda.
  Lo mismo pero defensa sootei y empi uchi.

 Ante un ataque Yodan:
  Esquiva hacia la izquierda con age uke de derecha y ura zuki de izquierda cambiando la cadera.

 Ante un ataque Chudan;
  Esquiva a la izquierda Sootei de izquierda y Shuto-Uchi al cuello de derecha.

DÍA Trabajo de Kihones y de katas: Kihones 19 y 20.
   Katas:
   Trabajo de katas en varias direcciones.

DÍA Técnicas aplicadas al Kumite: Por parejas:
  2 técnicas, Gyaku-Zukiy uraken. Uraken, Gyaku-Zuki y Mawashi-Geri.
  Barrido con la planta de pie derecho, Gyaku-Zuki y Mawashi-Geri.

DÍA Trabajo de Shihon: Cuatro direcciones.
 Trabajo de katas:
  Tiempo a tiempo.
  Con ritmo.
  A la Voz de ¡hajime!

DÍA Trabajo de Kumite: Enseñando las guantillas.
   Toda clase de técnicas de ataque.

DÍA Trabajo de técnicas de Ju-Kumite: Por parejas.
  Ju-Kumite con el cinto en el suelo.

3 encadenamientos de 4 técnicas cada uno, empezando con
una defensa y usando piernas y brazos en los ataques.

DÍA   Trabajo de encadenamientos: En kamae de combate.
      Shiko-Dachi, Shuto-Uke, Gyaku-Zukiizq y Yoko-Geri derecha.
      Soto-Uke derecha, Teisho-Gedan de izquierda Uraken de izquierda y Gyaku-
      Zukide derecha.
      Shiko-Dachi, Yoko-Uke de izquierda, Tsukami-Uke de la misma mano golpe
      de Otoshi con el brazo derecho, barrido con el talón derecho y sin soltar,
      Zuki al suelo.

DÍA   Trabajo de ju Kumite y katas: Por parejas.
                                      Ju-Kumite muy suave.
                                      Katas
                                      Entrenamiento libre.

ENERO

DÍA   Trabajo de fuerza con diferentes técnicas: En el mismo sitio.
      Manos a la nuca y Mae-Geri.
      Manos a la espalda y Yoko-Geri.
      Manos a la espalda y Ushiro Geri.

      Por parejas:
            Zuki-Yodan y Age-Uke.
            Zuki-Chudan y Soto-Uke.
            Mae-Geri y Gedan-Barai.
            Yoko-Geri y Sootei-Otoshi.
            Mawashi-Geri, pierna de atrás y defensa.
            Mawashi-Geri, pierna delantera y defensa.

DÍA   Técnicas de Shihon: Cuatro direcciones.
      Gedan-Barai, Yoko-Geri pierna adelantada y Gyaku-Zuki
      Soto-Uke, Gyaku-Zuki y Mawashi-Geri pierna de atrás.

DÍA   Técnicas de combate. Kumite.
      Ju-Kumite
      Kumite

DÍA   Trabajo de técnicas de defensa personal. Por parejas.
    Trabajo de Defensa Personal:
        Barridos (De Ashi Barai)
        Luxaciones
        Proyecciones
            Todo el trabajo estático
            Todo el trabajo en movimiento

DÍA   Kihones y Katas.
    Kihones: Hacemos el Kihon número 1, lento y concentrado, después
    haremos del 1 al 6, fuerte y perfecto.
    Katas: Pinan Nidan y Pinan Sandan.
        Haremos aplicaciones de algunas técnicas de los katas, y si sobra
        tiempo, trabajaremos Mawashi Geri Yodan por parejas (elasticidad).

DÍA   Técnicas básicas de Kihon.
    Avanzando: Age-Uke, Gyaku-Zuki, Mawashi-Geri.
    Sobre el sitio, y en kamae de combate: Encadenaremos estas tres técnicas,
    ejemplo: Gyaku-Zuki, Age-Uke y Mawashi-Geri.

    JU-KUMITE y KATAS.

DÍA   Técnicas de esquiva. Tai-Sabaki.
    Por parejas: Uno ataca, y otro esquiva hacia los lados,
        esperando al último momento, y contraataca.
    Agachándose y girando hacia un lado, ante un ataque Yodan, y contraataca.
    Dando un paso atrás ante cualquier ataque, se defiende y contraataca.

DÍA   Kihones y Katas, trabajo dirigido a cintos elevados.
        Kihones: Del 1 al 14, dos filas, una de espaldas a la otra.
        Deberán quedar cuando terminen, en el mismo sitio del comienzo.
    Katas: Bassai-Dai, Geksai-Daichi, Geksai-Daini, Jion Ji-In.
    Se realizarán al comando, después se hacen sin comando.
    Aplicaciones de algunas técnicas de los katas.

DÍA   Técnicas de ippon Kumite, y Sambon Kumite.
        Uno en Heiko-Dachi, el otro en Zenkutsu-Dachi.
        Ante un Zuki-Yodan, el otro Age-Uke y Gyaku- Zuki.
        Ante un Zuki-Chudan, Yoko-Uke por fuera y Mawashi-Geri.
        Ante un Zuki-Chudan, Shuto-Uke por dentro y Yoko-Geri.
    Avanzando: Zuki-Yodan, el otro Age-Uke retrocediendo y Mawashi-Geri
    Yodan dejando caer la pierna.

Trabajo de mawashi de pierna adelantada.
Uno vuelto de espaldas, al comando se vuelve y para el ataque
contraatacando al mismo tiempo.

DÍA   Trabajo de Kihon, con técnicas fundamentales. Kamae de combate.
Sin avanzar:
Mae-Geri.
Yoko-Geri.
Mawashi-Geri.
Mae-Geri y Yoko-Geri sin apoyar el pie en el suelo.
Mae-Geri y Ushiro-Geri sin apoyar el pie en el suelo.
Age-Uke y Mae-Geri.
Yoko-Uke y Mawashi-Geri.
Yoko-Uke, Gyaku-Zukiy Yoko-Geri.
Uno ataca con puños y piernas, el otro solo defiende.

DÍA   Trabajo de katas, dirigido especialmente a los cintos inferiores.
Pinan Nidan.
Pinan Sandan.
Pinan Shodan.
Pinan Yodan.
Pinan Godan.
Vamos cambiando de direcciones y volvemos a repetirlas.

FEBRERO

DÍA   Trabajo y técnicas de Kumite, en diferentes aspectos.

Dos filas enfrentadas, una va pasando y atacando a la otra, pasando por todos
los compañeros, los otros solo se defienden.

Formar grupos de cuatro alumnos, uno en medio, los otros tres le van
atacando sin dejarle descansar, el del centro defiende y ataca.

Combate con los cuchillos de madera (tanto), uno ataca y el otro debe evitar
el que le toquen, al mismo tiempo que contraataca.

DÍA   Técnicas de Kihon. Shihon en cuatro direcciones.
Retroceder en Kokutsu-Dachi y Sootei-Gedan.
Avanzando en Kokutsu-Dachi y Haito-Uke.
Avanzando en Neko Ashi-Dachi y Shuto-Uke.
Avanzando en Sanchin con Kakiwake-Uke, y sin mover

Heiko-Zuki.
En Shiko-Dachi, Kake-Uke y Teisho-Yodan.
Practicar por parejas la primera, segunda y tercera técnica
que se ha entrenado.

DÍA   Técnicas de Kihon. Por parejas y avanzando.

Soote y Gyaku-Zuki, el Soote hacia el lado.
Soote hacia abajo y Uraken simultáneo.

En kamae y saltando sobre el mismo terreno.

Mawashi Chudan y Ushiro Mawashi-Geri.
Defensa de Age-Shuto, Gyaku-Zuki, giras por detrás y Ushiro-
Geri directo.
Mawashi-Gedan y Mawashi-Yodan seguidos.
Lo mismo y defendiendo Gyaku-Zuki.

DÍA   Kihones y katas.
Katas: Matsumura No Rohai, daré la explicación del ritmo y después cada
uno hará el kata individualmente, adaptándose al ritmo que yo he marcado.

Trabajaremos los Kihones del 15 at 18.

DÍA   Combate en el suelo: Iai.

Por parejas: Ante un Zuki al suelo, el que está en derribado responde con
Mawashi-Geri.

Ante un derribo y caes de espaldas, cuando se acerca el compañero le recibes
con Ushiro-Geri, las manos apoyadas en el suelo.

Defensa personal desde el suelo.

DÍA   Kumite. Por parejas:
Ju-Kumite, solo empleando las extremidades superiores.
Ju-Kumite, solo empleando las extremidades inferiores.
Ju-Kumite total, empleándolo todo.

DÍA   Trabajo de técnicas de coordinación.
Mae-Geri y Oi-Zuki, simultáneo.
Mae-Geri y Tetsui, al lado.
Yoko-Geri y Uraken, al lado.
Kake-Dachi y Uraken, atrás Zenkutsu-Dachi y Yoko-Uke, Gyaku-Zuki y Oi-Zuki (Kanku-Dai).

DIA   Trabajo de Kihones y katas. Recordar.
Kihones del 1 al 20.
Katas para los cintos inferiores: Nidan. Sandan. Shodan. Yodan. Godan.
Katas para los cintos elevados: Yuroku, Yutte, Bassai Dai, Jiin, Matsumura-No-Rohai, Geki-Ha, Kusanku- Dai. Kusanku-Sho. Sanchin-No-Kata.

DÍA   Trabajos de velocidad de reacción.

Por parejas, uno en kamae de combate con los ojos cerrados y de espaldas al compañero, este le va tocando las extremidades alternativamente, y el que tiene los ojos cerrados va sacando técnicas con los miembros que le van tocando, reaccionando lo más rápido posible.

Una fila frente a otra, a la voz de mi comando van sacando la técnica que yo he determinado previamente procurando ser más rápido que el compañero que tenga enfrente.

DÍA   Trabajos de potencia y velocidad de reacción.

Tumbados en el suelo: Al comando mío, se ponen de pie y realizan las técnicas que previamente les he ido explicando.

Por parejas: Uno en kamae de combate sin moverse y de espaldas al compañero, el otro también en kamae de combate y saltando; al comando los dos reaccionaran, uno volviéndose y defendiendo y el otro atacando al que está de espaldas.

DÍA   Kihones y katas.

Repaso de todos los Kihones según nivel y grados para recordarlos. Repaso todos los katas según nivel y grados para recordarlos.

Nos detendremos en aquellos que técnicamente sean más deficientes, y corregiremos los errores más acusados.

MARZO

Durante todo el mes de Marzo, trabajaremos técnicas kumité de competición.

Enseñaré cómo se establece el Siai Kumite (combate de competición).

Esta clase de combate deportivo no entra en los planes generales del Dojo.

DÍA   Siai Kumite.

En kamae de combate, realizamos tres saltos sobre el mismo terreno, y avanzamos en Yori-Ashi golpeando con Gyaku-Zuki.

Con el compañero, lo mismo, y el compañero retrocede para que el Gyaku-Zukisea muy profundo.

Quietos los dos y en concentración, lanzar el puño antes que el compañero, tanto con Oi-Zuki o en Gyaku-Zuki.

Moviéndose alrededor de compañero, este hará un amago de atacar, tú responderás anticipándote efectuando un ataque.

El compañero estático y en guardia, al comando atacas al hueco con efectividad, una vez terminada la técnica, el compañero cambiará de guardia.

DÍA   Siai Kumite.

Por parejas: Haces dos o tres ataques, el compañero retrocede defendiendo e inicia un ataque, en ese momento lo esperas y recibes anticipándote.

Lo mismo, pero cuando lo recibes, continuas con más técnicas.

Te atacan, defiendes y contraatacas con un golpe, inmediatamente sigues con otras dos técnicas más.

Giaku-Zuki y Mawashi-Yodan de pierna adelantada el compañero siempre estará activo, y cuando retrocede defendiéndose del Zuki, inicia un contraataque, entonces es el momento de lanzar el Mawashi.

DÍA   Siai Kumite y algo de katas.

Por parejas: Mawashi de delante, Giaku-Zuki y otro Mawashi de misma pierna adelantada, el compañero estará activo como intentando atacar.

Uno ataca, el otro defiende y contraataca, el compañero para el contraataque y a su vez contraataca.

Lo mismo, pero dos ataques, el compañero siempre estará defendiendo.

Uno ataca y el compañero efectúa las defensas desplazándose hacia los lados.

Un compañero inicia el ataque, el otro defiende y contraataca con técnicas rápidas y básicas.

Repaso de algunas katas para recordarlas.

DÍA   Siai Kumite.

Uno para y contraataca, a su vez el compañero defiende y contraataca, este mismo trabajo lo van alternando continuamente.

Trabajo más suave de Ju-Kumite.

Pondré una fila de 3 o 4 alumnos, uno se pone de espaldas a la pared, los demás van atacando de uno en uno, el de la pared es el que inicia el ataque.

El compañero con la guardia alta y con manos abiertas, el otro ataca, y el que tiene la guardia alta defiende casi sin retroceder ni moverse, a un solo ataque.

Haremos el mismo ejercicio pero dos ataques, el otro defiende con la guardia alta.

DÍA   Siai Kumite.

Efectuamos un solo ataque, el compañero defiende con cualquier técnica en Mawashi-Ashi (esquiva circular), inmediatamente contraataca.

El mismo ejercicio, pero rectificando la posición y buscando la frontal en guardia activa (agresiva).

Uno ataca, y el otro defiende y contraataca, el primero para y contraataca con

Mawashi-Geri-Yodan.

Por grupos de a tres, realizar Ju-Kumite, uno hará de árbitro e ira señalando los fallos que crea que van cometiendo sus compañeros, cada dos o tres minutos se irán cambiando.

A la contra: En esta clase de trabajo, el que combate siempre está esperando que el contrario inicie el ataque.

En linea: El que trabaja de esta forma, solamente se desplaza en línea recta hacia delante y hacia atrás.

Siempre adelante: Este trabajo lo realizan aquellos competidores de muy alto nivel, pues son personas que están muy seguras de sus posibilidades.

En círculo: Este trabajo se realiza cuando no puedes con el contrario y siempre estas retrocediendo en todas direcciones esperando tu oportunidad.

Ocupando el centro: O un poco más adelante del centro; este trabajo es para el competidor que posee gran diversidad de técnicas y no acosa al contrario, sin embargo siempre estará ocupando el centro del tatami.

Todos estos puntos se denominan conducta táctica.

DÍA   Siai Kumite. Anticipación (trabajo de velocidad de reacción y ejecución).

Anticipación antes que el contrario inicie cualquier movimiento. Anticipación cuando el contrario inicia cualquier movimiento. Anticipación cuando el contrario está a media técnica.

Anticipación cuando el contrario ha tirado la técnica, pero tú has llegado antes con la tuya.

Anticipación de segunda intención, o sea cuando han lanzado la técnica y ha fallado, tiene un lapsus, entonces lo aprovechas y atacas cogiéndole desprevenido.

Enganchar el Mawashi-Geri-Yodan con tu brazo y a la altura cerca de tu muñeca, lo enganchas y lo desplazas poniendo al contrario casi de espaldas.

DÍA   Siai Kumite.

Trabajo de técnica de Giaku-Zuki, el compañero quieto, la velocidad la desglosaremos del 1 al 5 según el grado de rapidez.

Trabajo de 2 técnicas encadenadas, la primera será siempre un Giaku-Zuki.

Trabajo de 3 técnicas encadenadas, primero haces dos técnicas, esperas décimas de segundos y luego efectúas la tercera.

En movimiento y por parejas, uno va tirando técnicas, y el otro a distancia larga las evita esquivando y defendiendo.

DÍA   Supra Ippon.

Distancia larga: Voy tirando golpes, y el compañero los esquiva o defiende y en cualquier momento sale y ataca.

Distancia media: Me atacan y esquivo sin parar y en cualquier momento me paro y contraataco, o avanzo y contraataco.

Distancia corta: Los compañeros están muy juntos, uno defiende todos los golpes, pero siempre va hacia delante, el que va tirando golpes es el que va hacia atrás.

DÍA   Supra Ippon.

Combate, uno defendiendo y hacia delante, y el otro atacando pero hacia atrás; el que va defendiendo, cuando encuentre oportunidad podrá atacar de vez en cuando.

Uno en el centro aguantando sin retroceder y defendiendo, de vez en cuando puede soltar alguna técnica en contraataque, el otro va intentando hacer perder el centro al contrario.

Uno de rodillas el otro de pie; el que está de pie va golpeando con toda clase de técnicas, el que está de rodillas se defiende, y si puede, contraataca.

DÍA   Supra Ippon.

Trabajo de Sol y Sombra.

Por parejas, uno de los dos es el que dirige el trabajo. Con una distancia correcta uno se va moviendo por todo el tatami en todas direcciones, mientras que el compañero debe mantener siempre la misma distancia del principio. Cambiar.

Trabajo de Semáforo

Por parejas, a la voz del comando; ¡verde!, ¡ámbar! o ¡rojo!, se distanciarán, se acercarán a una distancia correcta y en actitud expectativa, o entablarán combate

DÍA   Supra Ippon. Todas las técnicas a la máxima velocidad.

En kamae de combate y rebotando sobre el tatami:

Yori-Ashi y Tate-Zuki-Yodan. Yori-Ashi y Giaku, Zuki-Chudan.
Yori-Ashi y Tate-Giaku-Zuki-Yodan. Yori-Ashi y Zuki-Chudan.
Yori-Ashi y Uraken-Uchi.
Trabajo de Mae Geri a máxima velocidad.
Trabajo de Yoko Geri a máxima velocidad.
Trabajo de Mawashi Geri a máxima velocidad.

DÍA   Supra Ippon. Trabajo de estrategia de combate.

Trabajo atacando a tres niveles: Gedan Chudan Yodan
Trabajo defendiendo a tres niveles: Gedan Chudan Yodan

Hacemos combate, limitando el área de desplazamiento de uno de los dos, que es el que solo defenderá sin salirse del área que yo le marque dentro de los ocho metros de un tatami reglamentario.

ABRIL

DÍA   Trabajo de katas.

Katas a ritmo bastante rápido.
Katas a ritmo normal.
Katas a ritmo muy lento, corrigiendo todos los fallos que encuentre a nivel general.
Saldrán por grupos según el nivel y cinto, para hacer a ritmo correcto el kata que yo indique.

DÍA   Trabajo de katas.
Trabajaremos tres katas por cada grupo de cinturones:

Blancos: Kihones, Nidan y Sandan.
Amarillos y naranjas: Shodan, Yodan y Godan.
Verdes y azules: Jutte, Bassai-Dai y Geksai-Daichi.
Marrones y negros: Kusanku-Dai, Jiin y Jion.

Más tarde saldrán por grupos pare realizar los katas establecidos.

SEMANA SANTA

DÍA   Trabajo de técnicas de Kihon (potencia).
Avanzando:
Zenkutsu-Dachi con manos a la espalda.
Neko-Ashi-Dachi con manos a la cintura.
Mae-Geri y Oi-Zuki.
Giza-Geri agarrando.
Kakato-Geri y Zuki al suelo.
Mae-Geri entrando y Zuki al suelo.
Sin avanzar:
Mae-Geri y Ushiro-Geri, sin apoyar.
Mae-Geri y Mawashi-Geri sin apoyar.
Mae-Geri y Yoko-Geri sin apoyar.
Yoko-Geri y Mawashi-Geri sin apoyar.

DÍA   Trabajo de Ippon Kumite.

Par parejas: Desplazamiento por fuera, defendiendo en gedan barai de derecha, agarras por la solapa con la izquierda y derribas con Zuki al suelo.

Defiendes en Kosha-Uke, agarras y Giza-Geri.

Defiendes en Shuto Yodan por dentro, agarras y entrando, golpeas con Empi-Uchi.

Ataque chudan, esquivas hacia dentro en Shiko-Dachi, con Zuki simultáneo.

Encadenamiento de Mawashi-Geri, Uraken y Giaku-Zuki

DÍA   Trabajo de Kihones y katas

Kihones del 15 al 18: Entrenamiento de estos Kihones desarrollándolos lentos y concentrados, para después ejecutarlos a su ritmo real.

Katas: Clasificados por grupos de grados, se trabajarán los katas correspondientes a cada nivel de forma lenta y concentrada para después ejecutarlos a su ritmo real.

DÍA   Entrenamiento basado en técnicas de Full Contact.

Trabajo de desplazamientos.
Trabajos de esquiva.
Trabajo de golpes directos.
Trabajo de golpes directos con la mano que está atrasada.
Golpes de abajo arriba.
Golpes circulares.
Golpes oblicuos.

DÍA   Entrenamiento basado en técnicas de Full Contact.

Golpes girando por detrás y esquivando.
Practica de diferentes patadas.
Mawashi sin control y girando 360°.
Golpes al interior de los cuádriceps.
Entrenamiento en sombra con todo lo anterior.
Entrenamiento con sparring, golpeándole en los guantes con todo lo anterior.
Lo mismo pero el sparring te ataca de vez en cuando.
Entrenamiento con paos.
Entrenamiento con el saco.

DÍA   Kihones y katas.

Kihones del 7 al 10: Repeticiones de estos Kihones, con el objetivo de memorizar y recordar este trabajo.

Katas: Trabajo de los katas más básicos para los cintos blancos, amarillos y naranjas.

Para los siguientes cinturones: Jiin Jion Seienchin. Kusanku-Sho. Kusanku-Dai.

DÍA   Trabajo de ashi barai y equilibrio.

- Haces un encadenamiento, y una de las técnicas es un barrido.
- Ante una patada frontal, Mae o Yoko-Geri, esquivas por fuera y agarras la pierna y barres la de apoyo.
- Lo mismo, pero por dentro, metes tu pierna por detrás de la de apoyo con tu planta del pie, obligándole a caer hacia delante, soltando su pierna y zuki al suelo.
- Inicias dos o tres ataques encadenados echándote matcrialmcntc cncima del compañero, en ese momento barres las dos piernas con técnica al suelo.
- Ante un ataque, paras o esquivas por fuera, girando 360° y barriendo la pierna adelantada con Zuki al suelo.
- Ante un ataque esquivas por fuera o defiendes, kansas geri a la pierna más cercana.

DÍA   Trabajo de ashi barai y equilibrio.

Ante un ataque, esquivas por dentro dando kansas geri y obligando a doblar la rodilla hacia el exterior. Zuki al suelo.

Ante un ataque, esquivas y paras hacia los lados, y con la planta del pie barres la pierna adelantada. Técnica al suelo.

Ante un ataque, esquivas por fuera entrando con la derecha y girando 180° y poniéndote a su espalda, Fumikomi a la articulación de la pierna atrasada. Técnica al suelo.

MAYO

DÍA   Trabajo de coordinación general.

Ante un ataque de Kakato-Geri por dentro o por fuera, te agachas esquivando y contraatacas.

Con ojos cerrados, le vas empujando y tiene que caer en una posición correcta, teniendo que realizar cualquier técnica.

Girando alrededor del compañero y tirando técnicas al hueco.

Lo mismo, pero de vez en cuando te suelta alguna técnica que tu defiendes.

Ante un ataque, hacer técnicas de mawashi ashi, contraatacando con técnicas de giro.

Ante un ataque, hacer técnicas de ura mawashi, por fuera y por dentro.

DÍA   Técnicas de kamae y Shihon.

Ante un Zuki, defensa y contraataque, un paso atrás y postura de kamae al frente del compañero.

Lo mismo con cualquier técnica de ataque.

Ante un zuki, defensa y contraataque, paso atrás y kamae a la espalda.

Lo mismo con cualquier técnica de ataque.

Ante un Zuki, defensa y contraataque, paso atrás, kamae al lado.

Lo mismo con cualquier técnica de ataque.

Trabajo de Shihon.

DÍA   Encadenamientos y katas.

ENCADENAMIENTOS DE POSICIONES

Shiko Dachi, Neko Ashi Dachi — Zenkutsu Dachi.

Zenkutsu Dachi, Neko Ashi Dachi — Kokutsu Dachi.

Zenkutsu Dachi — Sanchin Dachi — Shiko Dachi

ENCADENAMIENTOS DE TECNICAS

Yoko Uke-Gyaku Zuki-Oi Zuki Age Uke-Gyaku Zuki-Mae Geri

Gedan Barai - Giaku Zuki - Mawashi Geri

Katas: Pinan Shodan, cogemos alguna parte del kata y hacemos el Bunkai correspondiente a estas técnicas.

Bassai Dai, practicamos parte del bunkai del kata.

DÍA   Trabajo con sparring, paos y otros.

El compañero va enseñando las guantillas, el otro va golpeando haciendo técnicas.

Uno vuelto de espaldas, al comando se vuelve y se enfrenta parando un ataque y contraatacando al mismo tiempo.

Empujas al compañero derribándolo, al suelo y haciendo técnicas no le dejas levantarse.

Hacer una técnica, luego dos repitiendo la primera, luego tres, etc.

Le tocas una de las guantillas o una de las manos y ese momento al que tocan saca una o dos técnicas.

Trabajo con los pasos o focus.

DÍA   Trabajo de velocidad de ejecución.

Boca abajo, a la señal te levantas y recorres un espacio, al llegar ejecutamos la técnica que yo tenga establecida.

Lo mismo, pero el alumno escoge la técnica.

Lo mismo que lo anterior pero con el compañero.

Realizar desplazamientos cortos a derecha e izquierda, y al llegar a la pared, ejecutar varias técnicas establecidas. Velocidad normal.

Lo mismo y el alumno escoge las técnicas.

Los desplazamientos irán aumentando de velocidad hasta conseguir el máximo.

DÍA   Trabajo de Kihones y katas.

Cada cinturón marrón y negro, se encargara de un grupo, e irá trabajando los katas correspondientes al nivel del grupo.

Al final irán saliendo por grupos y realizarán el mismo trabajo que han hecho durante el resto de la clase.

DÍA   Trabajo de velocidad de ejecución.

Desplazamientos por el tatami y realizando técnicas, a la señal, cada vez se harán más rápidas hasta llegar al máximo.

Ejecutar técnicas muy rápido, dejándolas a media distancia.

Lo mismo, pero las técnicas lentas con máxima elongación.

Sin desplazamientos, a máxima velocidad y amplitud, sin mover los pies.

Realizar mae geris rápidos con manos en la nuca y sin moverse.

Repetir una técnica de manera progresiva, al llegar al máximo de velocidad, mantenerla durante varias repeticiones.

DÍA   Trabajo de velocidad de reacción.

Con el compañero:

Ojos cerrados, le vas tocando las extremidades, y él va sacando técnicas muy rápido.

Ante una palmada una técnica; ante un pitido del silbato otra diferente, máxima velocidad.

Trabajo de semáforo, uno ataca otro defiende.

Uno saca una técnica y el otro responde con la misma.

Uno saca una técnica y el otro responde lo contrario (si saca puño tu respondes con pierna o viceversa).

Uno ataca yodan y el otro responde chudan y viceversa.

Uno ataca con las extremidades que estén delante, y tú respondes con las de detrás.

Uno ataca circular, el otro con directos.

Mezclarlo todo lo anterior muy rápido.

DÍA. Trabajo de Kihones y katas.

Por parejas mismo nivel:

Nidan Sandan Shodan Yodan Godan Yuroku

Geksai-Daichi Geksai-Daini Geki-Ha

Jutte Jiin Jion Bassai-Dai

Realizar el trabajo de Te-No-Kata.

DÍA Trabajo de Coordinación de Técnicas Simultáneas.

Mae-Geri y Oi-Zuki simultáneo.

Mae-Geri y Tetsui al costado.

Yoko-Geri y Uraken al costado.

Kake-Dachi y Uraken, atrás Zenkutsu-Dachi y Yoko-Uke, Giaku-Zuki y Oi-Zuki, (Kanku Dai).

Soto-Uke recogiendo la pierna adelantada, caes y Heiko-Zuki, (Bassai Sho).

Shiko-Dachi y Age-Zuki, Uraken, Gedan-Barai, atrás en Shiko-Dachi Gedan- Barai, (Seienchin).

Hacia atrás Nagashi-Uke con Giaku-Zuki, Yori-Ashi y Oi-Zuki, Yoko-Geri de pierna adelantada.

Mae-Geri, Empi, Gedan-Barai y Giaku-Zuki (Nisheshi).

DÍA Trabajo de desplazamientos. De-Ashi.

Trabajo de desplazamientos de los pies

1. Yori-Ashi.
2. Yoko-Ashi.
3. Hiki-Ashi.
4. Mawashi-Ashi.

1. Dos pasos adelante con manos en la nuca.
2. Un paso adelante con manos en la nuca
3. Un paso adelante y otro atrás.
4. Lo mismo que to anterior acompañado de alguna técnica.

DÍA   Realización de Kihones y katas.

Kihones: Realizar los Kihones del 1 al 20, relajados y rápidos.

Katas: Los 5 Pinan, Jitte, Bassai-Dai, Jion.

JUNIO

DÍA   Trabajo de posiciones y técnicas acompañando la cadera.

Avanzando en zenkutsu dachi con manos en la cadera, buen asentamiento, buena posición, pecho al frente, buen centro de gravedad, buen zanchin. Lento.

Lo mismo pero más rápido.

Trabajar lo mismo pero con distintas técnicas.

Avanzar con Oi-Zuki metiendo un poco la cadera y sin mover, golpear con Giaku-Zuki metiendo profundamente la cadera. Hacerlo lento y luego rápido.

Hacer lo mismo con otras técnicas.

DÍA   Trabajo de posiciones y técnicas acompañando la cadera.

Retroceder en Kokutsu-Dachi, dejando la cadera muy baja. Hacerlo lento y rápido.

Pasas a Kokutsu-Dachi, y sin mover, cambias la cadera y pasas a Zenkutsu-Dachi con Giaku-Zuki.

El mismo trabajo con Yoko-Geri y Mawashi-Geri.

Avanzas un paso con una técnica y retrocedes e Kokutsu con una defensa.

Desde Heiko-Dachi, giras al lado y retrocedes con una defensa, avanzas con una técnica de ataque, haces Mawate al lado contrario y avanzas con otra técnica.

Desde Zenkutsu-Dachi, defender o atacar sin mover, solo cambiando caderas hacia un lado u otro.

Desde Shiko-Dachi, cambiar caderas a un lado y golpear o defender.

DÍA   Katas y Kihones.

Te-No-Kata.

Bassai-Dai: Trabajarla por grupos de encadenamientos, defensa y contraataque.

Jitte: Trabajarla por grupos de encadenamientos, defensa y contraataque.

DÍA   Perfeccionamiento de posiciones.

Con manos en las caderas:

- Zenkutsu-Dachi, Kokutsu-Dachi, Sanchin Dachi.
- Kiba-Dachi, Neko Ashi-Dachi, Suroashi-Dachi, Kake-Dachi.
- Lo mismo que lo anterior, en todas las direcciones. Lo mismo que lo anterior, con técnicas aplicadas.

DÍA   Perfeccionamiento de posiciones.

A) trabajo de Shihon (cuatro direcciones).
B) saltando sobre el terreno, trabajo de diferentes técnicas.
C) Shihon, con el Mawate correspondiente en cada dirección.

DÍA   Kihones y katas.

Cintos blancos: Kihones del 1 at 6. Nidan y Sandan.

Cintos amarillos: Kihones del 1 al 10. Nidan, Sandan, Shodan Yodan, Godan.

Cintos naranjas: Kihones del 11 al 14. Yuroku y Jutte.

Cintos verdes: Kihones del 15 at 18. Bassai dai y Geksai daichi.

Cintos azules: Kihones 19 y 20. Bassai dai, Yutte, Jiin.

Cintos marrones: Kihones 19 y 20. Bassai dai, Jutte, Jiin, Jion, Seienchin.

Cintos negros: Kihones 19 y 20. Kusanku dai, Kusanku sho.

DÍA   Trabajo de encadenamientos. Renzoku Waza.

1. Cada uno hace la técnica que prefiera, luego va sumando, dos, tres, cuatro, cinco técnicas. Siempre repetirá las mismas.
2. Trabajo a tres pasos con diferentes técnicas y posiciones, a distintos niveles.
3. Trabajo de Ippon, Sambon, Gohon-Kumite.
4. Trabajo de Giza-Geri, encadenados.

DÍA   Trabajo de encadenamiento. Técnicas de codo. Empi Uke y Empi Uchi

1. Hacia delante en Zenkutsu-Dachi, Tate-Empi.
2. Hacia delante en Zenkutsu-Dachi, Mae-Empi.
3. Hacia delante en Zenkutsu-Dachi, Mawashi-Empi.
4. Hacia el lado, en Heiko- Dachi, Yoko-Empi.
5. Hacia atrás, en Neko Ashi-Dachi, Ushiro-Empi.
6. Hacia un costado, en Shiko-Dachi, Otoshi-Empi.
7. Hacia atrás, en Keko-Ashi Dachi, Age Empi-Uke, como en Seienchin.
8. Hacia atrás, en Shiko-Dachi, Chudan Empi-Uke, como en Pinan Sandan.

DÍA   Entrenamiento de defensas encadenadas con otras técnicas. Uke-Waza

Avanzando en Zenkutsu-Dachi:

- Gedan-Barai y Mae-Geri.
- Yoko-Uke y Mae-Geri.
- Age-Uke y Mae-Geri.
- Soto-Uke y Mae-Geri.
- Shuto-Uke y Mae-Geri.
- Kosha-Uke y Mae-Geri.
- Haito-Uke y Mae-Geri.
- Kake-Uke y Mae-Geri.

DÍA   Trabajo de Ju-Kumite.

   a) Ju-Kumite de manos abiertas
   b) Ju-Kumite solo de puños.
   c) Ju-Kumite solo de piernas.
   d) Ju-Kumite a la pata coja.
   e) Ju-Kumite completo.

DÍA   Entrenamiento libre.

Cada alumno trabajará solo, y hará técnicas o el combate que prefiera.

DIA   Trabajo de katas.

Por grupos de cintos y niveles: Cada grupo escogerá tres katas, de las que pertenecen a su categoría, las desarrollarán y trabajarán, más tarde saldrán por grupos y la harán delante de los demás compañeros.

DÍA   Realización y trabajo de técnicas básicas.

Realizacion y explicacion de los factores más importantes para la realizacion de una tecnica correcta.

   * Actitud.
   * Concentracion.
   * Vivencia.
   * Efectividad.
   * Zanchin (acabado correcto).

Aparte de estas premisas, cada ataque o defensa tiene su propia técnica de realización, sin la cual tampoco estaría bien hecha.

JULIO

DÍA   Trabajo de katas, y puntos fundamentales a tener en cuenta en su realización.

   * Kime.
   * Fluidez en el desarrollo del movimiento y control de la velocidad.
   * Desarrollo del kata en su línea de realización, (Embusen).
   * Comprensión y expresión del verdadero significado de cada técnica.
   * Corrección y espíritu.
   * Correcta mirada, (Chakugan).

Katas: Kusanku-Sho, Kusanku-Dai, Bassai-Dai, Bassai-Sho.

DÍA   Trabajo de katas.

Katas con los ojos cerrados (orientación).

Katas con un ritmo muy lento pero concentrado.

Katas rápidas sin el ritmo adecuado.

Katas realizados con el ritmo adecuado, velocidad y potencia.

DÍA   Trabajo por parejas, con encadenamientos y derribos. Yakuzoku Kumite.

Ante un ataque circular:

- Age-Uke de izquierda, en Zenkutsu izquierda hacia atrás.
- Entras con la derecha en Shiko Dachi, y sin soltar Yoko-Empi de derecha.
- Con tu brazo derecho le sujetas su brazo a la altura del bíceps y luxación del brazo.
- Gyaku-Zukide derecha al abdomen.
- Barrido con la derecha a la pierna adelantada por dentro.
- Zuki al suelo en Shiko Dachi.

Ante un ataque yodan:

- Desplazamiento lateral a la izquierda con Age-Uke de derecha.
- Mawashi-Chudan al abdomen de derecha.
- Mawashi-Gedan de izquierda a pierna adelantada.
- Zuki al suelo en Shiko-Dachi.

DÍA   Trabajo de katas y Kihones.

Encadenamiento seguido sin pausa de: Nidan Sandan Shodan Yodan Godan.

Los cintos más elevados, realizarán los katas: Kusanku-Sho, Kusanku-Dai, Jion.

DÍA   Trabajo de katas y Kihones.

Kihones del 11 al 20, con potencia y muy rápidos.

Katas comenzando de diferentes ángulos.

DÍA.   Diferentes trabajos de Kihon.

- Saltando sobre el terreno, pasas a zenkutsu dachi defendiendo en Age-Uke y Tate-Empi Yodan Giaku.
- Lo mismo con Yoko-Uke y Mae Empi Chudan.
- Hacia el frente y perpendicular, caer en Shiko-Dachi con Age-Uke y Yoko-Empi.
- El mismo trabajo pero hacia el lado.

DÍA   Diferentes trabajos de Kihon.

- Pasas a Neko Ashi Dachi con Shuto-Uke, avanzas y Mawashi-Empi.
- Pasas a Neko Ashi Dachi y Ushiro-Empi, el otro brazo se deshace de un agarre.
- Barrido Ashi-Barai con la pierna de atrás y Otoshi-Empi.
- Yoko Uke y Giza-Geri, encadenados.
- Shuto Uke, pasas la otra mano por la nuca y Giza-Geri.
- Por parejas, poner en práctica las técnicas anteriores.

DÍA   Trabajo de Shihon.

1. Shihon con Giaku-Zuki.
2. Shihon con Giaku-Zuki y Mae-Geri.
3. Shihon con Giaku-Zuki y Yoko-Geri.
4. Shihon con Giaku-Zuki y Mawashi-Geri.

DÍA   Diferentes trabajos de técnicas de Kihon.

Saltando sobre el terreno:

Defensa de doble shuto ante un mawashi yodan muy potente, a continuación shuto al cuello.

En heisoku dachi:

- Levantas una rodilla y golpeas con Yoko-Geri lateral.
- Lo mismo y Mawash-Geri.
- Lo mismo y Ushiro-Geri.

DÍA   Renzoku-Waza.

Encadenamientos:

Saltando, Giaku-Yoko-Uke, Oi-Zuki-Yodan y Mawashi-Geri-Chudan. Soto Uke Giaku, Uraken con la misma mano, giro y Ushiro-Geri.

Giaku-Ude-Uke, Mawashi-Geri-Gedan y Mawashi-Yodan con la misma pierna.

Oi-Gedan-Barai por dentro, Mawashi-Yodan y Tate-Zuki con la misma mano que corresponde al Mawashi.

Soote hacia abajo, Uraken-Giaku y Mawashi-Geri de pierna delantera. Por parejas realizar el mismo trabajo.

DÍA   Kihones y katas.

Kihones del 1 al 6

Katas: Seienchin, Kusanku-Sho, Kusanku-Dai, Jitte y Bassai-Dai.

DÍA   Trabajo de potencia realizando técnicas.

1. 60 Mae-Geris.
2. 60 Yoko-Geris.
3. 60 Mawashi-Geris.
4. 100 Zukis en Shiko-Dachi.
5. 30 Mae-Geris en Neko-Ashi-Dachi.
6. 30 Yoko-Geris en Neko Ashi-Dachi.
7. 30 Mawashi-Geris en Nek- Ashi-Dachi.
8. Desde el suelo 30 Yoko-Geris.
9. Desde el suelo 30 Mae-Geris.
10. Desde el suelo 30 Ushiro-Geris.

Trabajo de Ju-Kumite muy relajado.

DÍA   Entrenamiento de katas y Ju-Kumite.

20 minutos dedicados a Ju-Kumite, muy relajado.

El resto de la clase a repetir y recordar todas los katas que pertenecen a cada nivel de grados, realizándolas con su ritmo correcto.

EL CÓDIGO DEL MAESTRO ITOSU

En Octubre de 1908, para lograr la introducción del Kárate a las escuelas de Okinawa, el Maestro Itosu escribió una carta abierta al Ministerio de Educación del Japón, y al pueblo de Okinawa; en la que se mencionaban, los beneficios de la práctica del Arte Marcial para el país, y algunos parámetros para su práctica. Sus enunciados fueron:

1. El Kárate es fundamentalmente para el beneficio de la salud. Para proteger a sus padres o su Maestro, es apropiado atacar a un enemigo sin importar la propia vida. Si uno se encuentra con un villano o un rufián (matón) preferiblemente, no debería utilizar el Kárate sino simplemente evitar el ataque y huir.

2. El propósito del Kárate es hacer el cuerpo duro como las piedras y el hierro; las manos y los pies deberían utilizarse como puntas de flechas, los corazones deberían ser fuertes y valientes. Si los niños practicaran Kárate desde sus días de escuela primaria, estarían bien preparados para el servicio militar. Cuando se encontraron Wellington y Napoleón debatieron el punto de que la victoria de mañana llegará del patio de recreo de hoy.

3. El Kárate no se puede aprender rápidamente. Como un lento toro moviéndose, que finalmente llega a recorrer mil millas, si uno estudia seriamente cada día, en tres o cuatro años entenderá de qué trata el Kárate. La misma forma de sus huesos cambiará.

Grupo de Maestros japonenes de antaño.

Aquellos que estudian cómo sigue, descubrirán la esencia del Kárate.

4. En el Kárate las manos y los pies son importantes así que deben ser entrenados a fondo contra el Makiwara. Para esto deje los hombros bajos, abra los pulmones, tome el control de tu fuerza, agarre el suelo con los pies y hunda su energía intrínseca en la parte baja del abdomen (tandem). Practicar con cada brazo cien o doscientas veces.

5. Cuando practiquen las posturas del Kárate, cerciórate de que la espalda está recta, tus hombros bajos, toma la fuerza propia y ponla en tus piernas, permanezca en pie firmemente y ponga la energía intrínseca en la parte baja del abdomen (tandem), cuyas zonas más alta y más baja deben mantenerse firmemente unidas.

6. Las técnicas externas del Kárate se deben practicar, una por una, muchas veces. Ya que estas la profundidad de las técnicas es transmitida de forma oral, esfuércense por aprender las explicaciones y decidir cuándo y en qué contexto sería posible utilizarlas. Entrar, oponer, y liberar; es la regla del Kárate.

Ankoh Itosu en una de sus escasas fotos.

7. Se debe decidir si la práctica del Kárate es para cultivar un cuerpo sano, para defenderte, o para mejorar tu deber.

8. Durante la práctica se debe imaginar que se está en el campo de batalla. Cuando el bloqueo y el ataque te lleven a una mirada furiosa, bajen los hombros y endurezcan el cuerpo. ¡Ahora bloqueen el puñetazo del enemigo y ataquen! Practiquen siempre con este espíritu de modo que, cuando estén en el verdadero campo de batalla, estarán preparado naturalmente.

9. No se sobreesfuercen durante la práctica porque la energía intrínseca se elevará, tu cara y ojos se volverán rojos y su cuerpo será dañado. Tengan cuidado.

En el pasado muchos de los que han dominado el arte del Kárate han vivido hasta una edad avanzada. Esto es porque el Kárate ayuda al desarrollo de los huesos y de los tendones, ayuda a los órganos digestivos y es bueno para la circulación sanguínea. Por lo tanto, de ahora en adelante, el Kárate debería convertirse en la base de todas las lecciones deportivas desde las escuelas primarias en adelante. Si esto se pone en práctica habrá, creo, muchos hombres que puedan ganar contra diez agresores.

Atentamente,

Itosu Ankoh (Yasutsune)
Naha, Octubre 1908.